나를 살리는 다정한 말

건
네
며

 두고두고 잊히지 않는 기억들이 있다.

 아빠의 부스럭거리는 소리에 잠에서 깨어 산타 할아버지의 진실을 알게 된 기억. 여름이면 가족들과 함께 바다와 계곡으로 놀러 갔던 기억. 좋아하는 사람이 생겼다고 엄마에게 미주알고주알 이야기하던 기억. 생일이면 어김없이 촛불을 켜고 노래를 불러 주셨던 기억.

 어릴 적 심어 주신 따뜻한 기억들과 글로 나열하기도 힘든 아픈 기억들은 평생을 따라다녔다.

말도 똑같았다.

네가 없었으면 삶이 재미없었을 거라던 사랑하는 사람의 말. 함께했던 시간이 행복했다고 해 주던 사랑했던 사람의 말. 힘든 일이 있으면 언제든 연락하라고 하던 친구의 말. 우리에겐 주어진 시간이 많지 않다던 어느 영화 속 주인공의 말.

나를 아프게 한 것도, 나를 살게 한 것도 단 하나의 기억이자 단 하나의 말이었다.

힘들고 아팠던 기억과 말을 조금씩 옅어지게 하는 것은 밝고 따뜻하고 다정한 언어다. 그렇게 우리는 자그마한 말로 아픈 기억을 덮고, 새로운 기억을 채우며 살아간다.

자기 자신에게 건넨 따스한 한마디가 삶에 다정을 불어넣는 계기가 되기를. 누군가에겐 내가 건넨 한마디가 힘든 순간을 이겨 내는 작은 힘이 되기를 바라며, 오늘도 밝고 따뜻하고 다정한 말을 건네는 연습을 한다.

차례

건네며 · 002

나를 잃지 않도록
1부

있는 그대로의 나로 만족하는 일	014
느리지만 단단하게	016
예민함을 기민함으로	017
나의 계절	020
사연 없는 사람은 없다	021
나를 살리는 다정한 말	022
나의 편이 되어 주기	024
모든 게 처음이라서	025
나태함과의 싸움	027
나를 위한 노력	029
나를 사랑하는 방법	031
장담하지 않는 연습	032
일상이 더 행복해지는 습관	033
올해가 가기 전에 주고 싶은 것들	034
행복해야겠다는 오기	035
내가 나를 보살피는 일	036
꾸준함이 만드는 단단함	037
특별하고 위대한 사람은 없다	038
나를 수용하는 힘	040

너답게 있어 줘 · 041
피곤한 사람은 멀리한다 · 042
부정적인 감정을 다스리는 방법 · · · · · · · · · · · · · · · · · · · 043
중독에서 벗어나는 일 · 045
기분이 태도가 되면 · 047
노력은 배신해도 성실함은 배신하지 않는다 · · · · · · · · · · · · · 048
성공은 하루아침에 오지 않는다 · 049
부러우면 부럽다고 하면 그만이다 · · · · · · · · · · · · · · · · · · 050
내면이 단단해지는 방법 · 051
사람한테 자꾸 데이다 보면 · 052
못된 말에는 친절할 필요 없다 · 053
부정적인 사람과는 거리를 둔다 · 054
스트레스가 보내는 신호 · 055
절박할수록 멀리 보기 · 056
과하게 의존하는 삶이 아닌 · 058
조용히 이기는 사람 · 061
솔직함도 폭력이 될 수 있다 · 062
무례한 사람을 보면 애처로운 이유 · · · · · · · · · · · · · · · · · 063
내가 본 멋진 사람들 · 064
누군가 미워질 때 나를 더 사랑해 주기로 했다 · · · · · · · · · 065
감정에 휘둘리지 않는 삶 · 066
빛나는 눈동자가 말해 주는 것 · 067
일상에 심어 둔 행복 · 068
불편한 사람을 대할 때 · 069
잘 먹고, 잘 자는 것만으로도 충분해 · · · · · · · · · · · · · · · · 070
수고했어, 오늘도 · 072
나의 안부를 묻는 밤 · 073
어른도 그래도 돼 · 075
지친 당신에게 · 077

그래도 사랑으로 버틸 수 있었어

2부

한 사람만 내 편이어도 살아갈 용기가 난다 ···················· 080
숨통을 틔워 주는 존재 ···························· 081
당신이라는 핑계 ································ 082
고마워, 사랑해 ································· 084
좋은 사람 곁에서 달라지는 나 ························ 085
당신과 지독하게 엮이고 싶다 ························ 086
자꾸만 생각나는 사람 ······························ 087
그럼에도 꿈꾸는 ································ 088
그렇게 또 살아가자 ······························· 090
나이가 들어도 ································· 091
마음에도 시차가 있다 ······························ 092
내 식대로 주는 건 사랑이 아니다 ······················ 093
솔직할 용기 ··································· 095
한 번 끝이면 끝인 사람 ···························· 096
기울어진 관계는 오래가지 않는다 ······················ 097
사랑할수록 지켜야 하는 예의 ························· 098
마음이 편안해지는 대화 ···························· 099
다정함을 알아봐 주는 사람 ·························· 100
소소하지만 매력 있는 태도 ·························· 101
사랑을 보답하기 위해 ······························ 102
영원할 것처럼, 불행하지 않을 것처럼 ···················· 103
삶은 사랑이 전부다 ······························· 104
가장 후회되는 연애 ······························· 105
사랑이라 부르는 것들 ······························ 106
행복이 미안해지지 않도록 ··························· 107

혼자가 아니야 ······································· 108
시절을 타지 않는 인연이길 ······················· 109
나를 알아주는 단 한 사람 ························ 110
오래된 사람은 내가 대접해야 할 사람이다 ··············· 111
내 마음이 쉬어 가는 곳 ··························· 113
자꾸만 귀엽다 ····································· 114
촌스러운 사람이 좋다 ···························· 115
사랑이 모든 걸 이겨 ······························ 116
다정한 사람을 만나야 하는 이유 ················ 117
눈물이 왈칵 나오게 하는 사람 ·················· 118
사랑하는 사람은 불안하게 만들지 않는다 ············ 120
사랑이 더 깊어지는 태도 ························· 121
오랜 사랑 ··· 122
꽃피는 봄이 오면 ································· 123
사람이 좋아지기 시작하면 겁부터 난다 ·············· 124
잘 자 ·· 125
사랑의 모양 ······································ 126
미움을 사랑으로 ·································· 127
미안해도 놓을 수 없는 사람 ····················· 128
절대 잊지 못하는 사람 ··························· 129
그럼에도 사랑하는 이유 ·························· 130

오늘만 더 살아가 보자

3부

진짜 행복은 요란하지 않다 · 134
고독 속에서 찾은 자유 · 135
봄 여름 가을 겨울 · 136
찰나의 삶 · 137
바라지 않은 이별 · 138
시간은 봐주지 않는다 · 140
도저히 익숙해지지 않는 슬픔 · 141
후회 없이 사랑해야지 · 142
모든 순간이 작별이다 · 143
연연함을 버리고 해야 할 일 · 144
재미있게 사는 비결 · 145
의미 없는 시간의 의미 · 146
체력이 무너지면 삶도 무너진다 · · · · · · · · · · · · · · · · · · · 147
일이 쉽게 풀리지 않을 때 얻게 되는 것들 · · · · · · · · · · · 148
뭘 해도 크게 성공할 사람 · 151
담대하고 눈부시게 · 152
낭만을 잃은 하루 · 153
이상과 현실 · 155
꼭 잘됐으면 좋겠다 · 157
나의 뮤즈들 · 158
배움의 시선으로 · 160
더 열심히 살고 싶게 만드는 사람 · · · · · · · · · · · · · · · · · 162
표현하지 않으면 모른다 · 163
서로에게 중요한 사람이 되는 길 · · · · · · · · · · · · · · · · · · 164
사랑을 갈구하는 시대 · 165

굳이 먼저 말하지 않는 것들 ·················· 167
아픔의 쓸모 ······························· 168
그저 오늘만 살아가 보자 ······················ 169
없어야만 하는 슬픔도 있다 ···················· 170
제법, 어른이 됐다고 느낄 때 ··················· 171
강물처럼 말해요 ··························· 172
더 큰 도약을 위해 ·························· 174
겸손한 사람이라는 것은 ······················ 175
크게 될 사람 ····························· 176
사소한 대화가 하루를 견디게 한다 ··············· 177
우리는 서로의 꿈속에서 산다 ··················· 178
순해 보이지만 은근히 강한 사람 ················· 179
낮은 자세로 지켜 낸 것들 ····················· 180
보통처럼만 살고 싶다 ······················· 181
내가 되고 싶은 사람 ························ 182
곁에 있어 더 아름다운 날들 ··················· 183
진짜 인성을 알 수 있는 태도 ··················· 184
관계를 무너뜨리는 사소함 ···················· 185
세월로부터 배운 것들 ······················· 186
묵묵한 사람 ······························ 187
기품은 태도에서 나온다 ······················ 188
성공한 삶 ································ 189

우리가 함께 있다는 것만으로

4부

진심이었던 사람이 상처받는다 · · · · · · · · · · · · · · · 194
관계의 끝이 보이는 순간 · · · · · · · · · · · · · · · · · · 195
점점 마음을 열지 않게 되는 이유 · · · · · · · · · · · · · 196
관계의 유효 기간 · 197
당연한 건 아무것도 없다 · · · · · · · · · · · · · · · · · · 199
어른이 되고 깨달은 인간관계 · · · · · · · · · · · · · · · 200
닮고 싶은 사람을 곁에 두기 · · · · · · · · · · · · · · · · 201
좋은 관계를 만드는 규칙 · · · · · · · · · · · · · · · · · · 203
오래 보게 될 사람 · 204
말로 형용할 수 없는 사이 · · · · · · · · · · · · · · · · · 205
공감의 온도 · 206
절대 잊어선 안 되는 사람 · · · · · · · · · · · · · · · · · 207
고맙다는 말은 · 209
좋은 사람, 나쁜 사람은 없다 · · · · · · · · · · · · · · · · 210
인간관계에서 주의해야 할 것들 · · · · · · · · · · · · · 212
인간관계가 편해지는 삶의 방식 · · · · · · · · · · · · · 214
대화가 단절되는 태도 · · · · · · · · · · · · · · · · · · · 215
이젠 알고 있어도 말하지 않는다 · · · · · · · · · · · · · 217
딱 그만큼의 인연이었다 · · · · · · · · · · · · · · · · · · 218
감각으로 알아차리는 순간 · · · · · · · · · · · · · · · · · 219
곁에 두면 위험한 사람 · · · · · · · · · · · · · · · · · · · 220
이젠 피곤한 관계는 피하게 된다 · · · · · · · · · · · · · 221
오래가는 관계 · 222
친구와의 이별이 더 어렵다 · · · · · · · · · · · · · · · · 223
서로의 의미 · 225

오래도록 함께 행복하고 싶다 ····· 226
순수함을 지키는 강인함 ····· 227
진가가 나오는 데 오래 걸리는 사람이 있다 ····· 228
유머러스한 사람이 좋은 이유 ····· 229
내가 만난 진짜 어른 ····· 230
애초에 건강한 사람을 사랑하기 ····· 231
작은 배려의 힘 ····· 232
적당한 관심을 기울이는 연습 ····· 233
다름을 바라보는 마음 ····· 235
기억의 힘 ····· 236
가족이라는 운명 ····· 238
할 만큼 다한 사람은 미련이 없다 ····· 240
얽히고 싶지 않은 인연 ····· 241
나를 시기하고 질투하던 그 애 ····· 242
소리 없는 이별 ····· 244
결국 멀어지게 될 사람 ····· 245
시간이 흘러도 이별엔 익숙해지지 않는다 ····· 246
나와 다른 그 사람을 사랑하는 방법 ····· 247
관계가 더 깊어지는 순간 ····· 248
진지한 대화가 가능한 사람이 좋다 ····· 249
볼수록 참 괜찮은 모습 ····· 250
마음을 열게 되는 사람 ····· 251
사랑하는 이들과 함께 행복하려면 ····· 252
마지막까지 사랑해야 할 것들 ····· 253
오늘을 행복하게 해 주는 사람 ····· 254

마치며 · 256

1부

나를 잃지 않도록

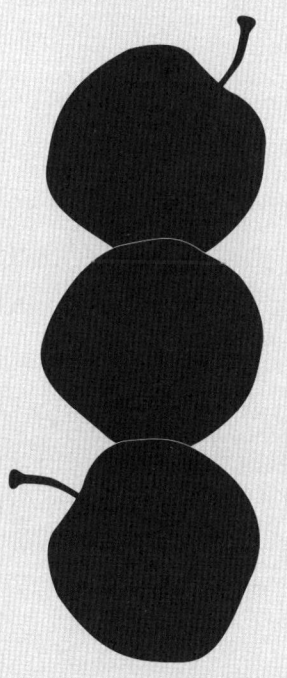

있는 그대로의 나로 만족하는 일

 있는 그대로의 내 모습을 사랑하라는 말. 질리도록 들어 왔고, 머리로는 알지만 마음으로는 좀처럼 받아들여지지 않는다. 게으르고 소심하며 사람에게 쉽게 상처받는 내 모습이 일상에서 조금이라도 드러나면 도무지 견디기가 어렵다.

 그럴 때마다 나는 새로운 목표를 찾았다. 하나를 이루어도 만족하지 못한 채 서둘러 또 다른 목표를 찾아 헤맸다. 친구들은 쉴 새 없이 움직이는 나를 보며 꿈이 많다고, 참 대단하다고 말해 주곤 했다. 그들의 다정한 말만 믿고 나도 스스로를 그런 사람이라 여겨 왔다. 그러나 그렇게 고대하던 목표를 하나씩 이뤄 갈수록 공허함은 짙어져 갔다. 이 기분 나쁜 허기짐은 무엇일까. 대체 어디에서 온 걸까.

 밀려드는 생각에 어느 날은 잠기기도 하고 또 어느 날은 휩쓸려 가다가, 생각의 파동이 잔잔해졌을 즈음 나는 타고난 본성을 세워 두고 삿대질하며 미워하고 부정하는 나를 보았다.

그렇다. 나는 그동안 게으르지 않고 상처를 잘 받지 않는 담대한 사람이 되고 싶어, 바꾸려 해도 바뀌지 않는 본모습을 그저 밀어내기만 했다. 있는 그대로의 모습을 부정한 채 이루려고만 했던 거창한 목표는 인생의 갈증만 고조시킬 뿐이었다.

게으른 것도, 소심해서 사람에게 쉽게 마음을 열지 못하는 것도 나라는 걸 받아들이기. 바꿀 수 없는 타고남을 존중하는 마음을 선행하여, 앞으로 나아가는 길에서 공허함이 아닌 기특함을, 채찍질이 아닌 만족감을, 미워하는 마음이 아닌 사랑스러운 마음을 품어 보기.

느리지만 단단하게

뭐 하나 쉽게 풀린 적이 없다. 남들은 별 탈 없이 잘만 지나가는 일도, 나는 몇 바퀴를 돌아야 겨우 평균에 맞출 수 있었다. 딱 노력한 만큼만 얻을 수 있는 공평하고 적확한 인생. 왜 나만 이럴까. 왜 나는 한 번에 되는 일이 없을까.

세상이 원망스럽고 억울할 때마다 돌아오지 않을 말들을 얼마나 되뇌었는지 모른다. 그렇게 무턱대고 늘어뜨린 말들을 수습할 수 있는 사람은 나뿐이라는 걸, 그땐 알지 못했다.

하나부터 열까지 깨우치고, 느끼고, 습득해야만 다음 단계로 넘어갈 수 있는 인생이라는 걸 그저 받아들이면 되는 일이었다. 비록 느릴지라도 작은 틈 하나 없이 차곡차곡 쌓아 올린 탄탄한 삶. 여기저기 부딪히고 으깨져 투박하지만, 자세히 들여다보면 후회와 자책, 깨우침과 반성, 노력과 눈물로 다져진 애틋한 나의 삶을.

예민함을 기민함으로

"선생님.", "원장님.", "작가님."

　나를 지칭하는 말이 10년 사이 이렇게나 다양해졌다. 호칭에 가까워지기 위해 배우고 노력했던 시간이 있었기에 내게는 더없이 소중한 이름이지만, 때로는 버겁게 느껴지기도 했다. 좋아하는 일을 직업으로 삼으면 내내 행복하기만 할 거라는, 동화 같은 결말을 기대했는지도 모른다. 그러나 해야 할 것들은 늘어나고 책임져야 할 일도 많아지면서 평일과 주말의 경계는 점점 희미해졌다. 피로와 스트레스가 쌓이자 소리, 사람, 향, 움직임 등 일상의 모든 자극을 받아들이고 소화하는 데 전력을 다하는 타고난 예민한 성향은 더욱 고조되었다. 이 예민함을 어떻게 다뤄야 할까. 어떻게 해야 예민함을 기민함으로 바꿀 수 있을까. 자주 고민하고 시도하면서, 나름의 방법을 하나씩 모아 두었다.

1. 아무 생각 없이 쉴 수 있는 시간 마련하기

딱 하루만, 단 몇 분이라도 게으름을 마음껏 허락하는 시간을 준다. 늘어지게 쉬고, 먹고 싶은 걸 먹고, 보고 싶은 걸 보는 날. 매일 억제하고 조절하던 모든 제약으로부터 해방되는 자유의 시간은 자칫 나태하게 만들 것 같지만, 오히려 더 열심히 나아갈 원료를 축적해 준다.

2. 좋아하는 사람들과 자주 이야기하기

일을 하다 보면 좋은 사람 열 명을 만나도, 무례한 사람 한 명이 주는 스트레스로 인해 그 하루를 망치기도 한다. 그렇게 축적된 스트레스는 쌓아 두지 말고, 무조건 내 편이 되어 주는 지극히 주관적이고 편애가 가능한 사람에게 꼭 털어놓는다. 무조건적인 사랑을 충전해 두어야 앞으로 내가 어떻게 나아가야 할지에 대한 발전적인 생각을 할 수 있으니까.

3. 일기를 쓰면서 여러 감정을 입체적으로 살피기

눈에 보이지 않는 감정이기에 모호해서 짐작만 하다가 걱정과 불안으로 치닫는 경우가 허다했다. 감정에 압도당하지 않기 위한 가장 좋은 방법은 내가 느끼는 모든 것을 조목조목 해체하여 눈으로 확인하는 것이었다. '나는 이럴 때 화가 나는

구나. 어릴 적부터 화를 참는 습관이 있었는데, 그 습관이 오히려 더 큰 화를 불러일으켰구나.' 전부 일기장 안에서, 다년간 치열하고 끈질기게 이루어진 깨달음이었다.

4. 운동과 취미로 긴장감 낮추기

깨어 있는 동안은 물론, 잠을 자는 순간에도 머릿속은 생각과 고민, 걱정과 상상 등 온갖 것들로 가득해 좀처럼 쉬지 못한다. 그런 머릿속을 잠시 멈추게 하는 것은 격한 운동이나 일과 무관한 취미였다. 목적이 뚜렷한 무언가에 몰입하다 보면 긴장하게 했던 모든 것들과 잠시 거리를 두게 된다. 그렇게 머리를 식히고 몸의 긴장이 풀리면 막혀 있던 정신과 가슴이 맑게 트인다. 걱정은 작아지고, 고민은 옅어진다.

감각이 섬세하고 예민한 사람은 자신을 돌보는 데 많은 시간과 애정을 할애해야 한다. 주변에서 들리는 소음과 사람들의 표정, 날씨 등 일상 속 모든 자극을 잘 받아들이는 만큼 그것을 제대로 소화할 수 있는 시간도 꼭 마련해 두어야 한다. 섬세한 나를 돌보고 아껴 주는 시간을 일상과 일상의 틈새에 놓아두는 것은 사치가 아니라 필수적인 과정임을 기억하고 또 기억해야지.

나의
　계절

지금의 상황만으로
너의 미래를 섣불리 판단하지 않았으면 해.

그저 하루하루 최선을 다해 보자.

그동안의 노력이 꽃피울
너의 계절을 위해.

사연 없는 사람은 없다

 나만 불행하고, 나만 힘들 거라는 과도한 연민은 나를 고립시키고, 타인의 삶을 가볍게 여기도록 만든다. 쉽게 판단하지 말자. 쉽게 장담하지도 말자. 세상 앞에 겸손해지자. 그렇게 되뇌고 또 되뇐다.

 내가 겪은 일이 남들보다 더 힘들고 큰 고통이었다며 자기연민에 과하게 취해 있으면 지금 이 순간에 머무를 수 없다. 자꾸만 뒤를 돌아보게 되고, 결국엔 과거에 머물게 된다. 과거에 머무는 태도는 삶을 대하는 자세마저 성장하지 못하게 붙잡아 둔다. 여전히 괴롭고 아팠던 시간 속에 붙들려 현재를 살아갈 수 없게 되는 것이다.

 그러니 제시간에 머무르자. 지나간 기억이 아니라 지금 이 순간의 나를 마주해야 한다. 그래야만 시간의 흐름 속에서 온전한 나로 존재할 수 있다.

나를 살리는 다정한 말

 누군가는 말했다. 복수가 목표를 이루는 데 큰 원동력이 되어 주었다고. 이를 악물고 어떻게든 목표를 완수하게 만든 것은 과거 어떤 이로부터 들은 비수 같은 말들이었다고. 그 누군가는 다름 아닌 내 이야기다. 나는 자부했다. 분노가 있었기에 지금까지 삶을 버텨 왔고 포기하지 않았던 거라고.

 내가 선택하지 않은 가정 환경이 '나'를 평가하는 가치 판단의 기준이 되어 어른들의 입에 오르내리는 모습을 수없이 봐 왔다. 어릴 적 살던 곳은 건너 건너 서로의 사정을 훤히 아는 작은 동네라, 우리 가정의 상황은 물론 감추고 싶던 나의 모든 것까지 모르는 이가 없었다. 나는 그들의 가벼운 입놀림 속에서 엄마를 일찍 잃은 아이였고, 말도 없고 표정도 없는 어두운 아이였다.

 수군거리는 사람들의 말 중에는 잊어야 한다는 걸 알면서도 가슴 깊이 박혀 끝내 빼내지 못한 몇 마디가 있었다. 온몸을 짓누르는 고통 속에서도 반드시 목표를 완수해, 행복한 모습으로 멋지게 갚아 주겠다는 생각에 사로잡혀 오랜 시간을 보냈다.

그러나 복수를 하겠다는 마음은 주기적으로 과거의 감정을 소환해 고통을 주는 고문에 가까웠고, 결코 나를 나아지게 하지는 못했다. 나를 더 나아지게 하고 치유해 준 것은 언제나 다정한 사람들의 다정한 말들이었다. "나는 네가 자랑스러워.", "얼마나 혼자 힘들었을 거야.", "잘 커 줘서 고마워." 그 말들은 분노와 복수를 부추기는 것이 아니라, 떠올리기만 해도 코끝이 시큰해지고 눈물이 차오르며 세상에 오래 머물고 싶게 만드는 힘을 주었다.

나의 편이
되어 주기

나는 내가 좋아.
나는 내가 애틋해.
나는 내가 잘될 거라 믿어.

스스로를 인정해 주는 작은 말들이
나를 더 단단하게 만들어 주더라.

그러니 나에게 아낌없이 격려를 건네고
나를 다정히 위로해 주면서
오늘도 행복하자.

모든 게 처음이라서

시작은 언제나 어렵다. 이 단조로운 첫 문장을 쓰기까지 어떤 말로 꼭지를 시작할지 수십 번, 수백 번을 고민했다. 고민은 걱정이 되었고, 그러다 끊임없이 미루게 되었다. 미루는 내 모습이 게으르고 못마땅해 자책감에 이르렀을 때야 비로소 시작할 용기를 조금 내보는 나를 만나고 있다.

예전에는 이 정도까지는 아니었던 것 같다. "괜찮아, 다시 해보자!", "처음엔 다 그래." 어릴 때는 이런 말만 들어도 금방 위로가 되었고, 다시 시작해 볼 용기도 생겼다. 하지만 이제는 그런 말들로는 마음이 꿈쩍하지 않는다. 처음엔 누구나 망설이고, 처음이라는 조건이 똑같이 붙더라도 인생의 기회가 찾아오는 시기는 다르다는 걸 알고 있으니까. 이미 겪어 봤고, 분명 힘들 것이며, 고통이란 걸 알고 있으니까.

도전하는 시간보다 머뭇거리는 시간이 길어진 건 어쩌면 당연한 일이겠다. 남이 해 주는 열 마디의 격려보다 스스로에게 전하는 한마디가 움츠러든 나를 더 크게 일으켜 세운다는 걸 느끼는 요즘, 수십 번의 여름을 겪고 나서야 내가 나아가야 할 길이 다시 보인다.

나태함과의 싸움

 매일이 싸움이다. 새해마다, 달이 시작될 때마다 정해 놓은 거창한 목표를 완벽히 이루진 못할지언정 근처에라도 가기 위한 내적 전쟁이 일어난다. 지금 당장 해야 한다는 건 잘 알고 있지만 행동으로 옮기기까지의 거리는 왜 그렇게 멀게만 느껴지는지. 온갖 핑계와 합리화가 난무하는 갈등을 제치고 이겨 낸 날은 내가 그렇게 기특하고 기쁠 수가 없다. 그러나 철저히 패배하는 날이 더 많다. '오늘은 피곤하니까.', '내일부터 하지, 뭐.' 지금 당장 내게 필요한 편안함을 추구하라는 나태함의 속삭임에 모르는 척 넘어가 버린다. 나태함과의 승부에서 지는 날이 쌓일수록 한없이 작아지는 기분이 든다.

 이 승부에서 승률을 높일 수 있는 건 딱 두 가지다. 첫 번째는 자신을 객관적으로 바라보는 것. 나의 일상이 어떤 패턴으로 흐르는지 파악해 두고, 내가 감당할 수 있는 것이 어디까지인지 인지하여, 나에게 최적화된 환경을 구성해 목표를 이룰 수 있게 만들어 주는 것이다. 운동을 습관으로 만들고 싶은데 매번 실패했다면, 그 이유가 거리 때문인지 야근 때문인지 정확히 파악해서 합리화하는 요소들을 하나씩 제거해 나가면 운동에 대한 부담감이 줄어들고 꾸준히 이어 가기가 훨씬 수월해질 수 있다.

두 번째는 급하게 생각하지 않는 것이다. 이것도 저것도 다 이루고 싶은 마음에 여러 개의 목표를 세우고 기준을 높게 잡을 때가 있는데, 개수를 만만할 정도로 줄여 하나씩 이룬 다음 차차 늘려 가다 보면 나중엔 내가 소화할 수 있는 영역이 조금씩 넓어지고 많아지게 된다. 급할 필요 없다. 당장의 내 처지를 한탄하며 자신을 재촉하지 않아도 된다.

언젠가 당연히 내가 이룰 것이라 믿고 작은 습관을 하나씩 지속하는 기간을 늘려 가다 보면, 내가 바라던 풍경 속에 놓인 나를 마주하게 되는 순간이 찾아온다. 그 순간의 벅찬 느낌을 머금은 채 지금 내가 할 수 있는 것에 정성을 다해 보자.

나를 위한 노력

　내 생각과 감정은 모두 타인을 향해 있었다. '괜찮은 사람'이고 싶어서, '좋은 사람'으로 비치고 싶은 애달픔에 괜찮지 않아도 괜찮은 척, 좋지 않아도 좋은 척, 갖은 노력을 많이도 했다. 그럼에도 정서적으로 채워지기보단 조금씩 소진되어 가는 내 모습이 의아할 때, 남에게 쏟던 노력을 하나씩 나에게로 돌리기 시작했다.

　고독과 외로움, 스트레스를 술이나 과식으로 달래지 않으려 했고, 힘든 일이 있을 때마다 자책하지 않으려 했다. 타인을 시기하고 쉽게 미워하는 마음이 들면 그 감정을 오래 두지 않고 빠르게 씻어 내려 했다. 마음이 맞지 않는 사람에게는 나를 잃으면서까지 맞추려 하지 않았고, 성과를 위해 나를 몰아세우거나 부정적인 말을 입에 달고 살지 않으려 했다.

　노력해야 할 것들이 아직도 넘쳐나지만 포기할 생각은 들지 않는다. 시간이 오래 걸리더라도 나를 위한 노력은 삶을 짓누르던 고민의 무게를 가볍게 하고, 삶을 이롭게 하는 행복의 무게는 서서히 증폭되는 길로 이끈다는 것을 몸소 느껴 왔음에. 한 번 변화를 경험한 사람은 다시는 이전의 모습으로 돌아갈 수 없기에.

나를 사랑하는 방법

다른 사람과 비교하지 않기
상처만 주는 관계는 끊어 내기
아닌 것은 아니라고 말하기
좋은 사람들과 추억 많이 쌓기
나와의 약속은 꼭 지켜 나가기
스스로에게 격려를 아끼지 않되
나를 객관적으로 바라보기
밥은 거르지 않고 잘 챙겨 먹기
틈틈이 휴식 시간을 주기
과거의 아픔에 위로를 건네기

나를 사랑하는 방법을 다채로운 형태로 구비해 둔다. 삶의 틈 사이사이에 놓아두고, 내가 초라하게 느껴질 때나 주눅이 들 때, 자존감이 낮아질 때마다 당장 실천하고 적용해 본다. 어떤 일이 일어나더라도 너를 잃어서는 안 된다는 사랑하는 이들의 목소리를 대변해 주듯.
'나를 사랑하는 방법'이라는 거창한 카테고리의 뻔한 방법들이 기어코 나를 살려 내고, 행복으로 향하게 한다.

장담하지 않는 연습

 나름 살아 봤다고, 어느 정도는 겪어 봤다고 스스로 판단하고 평가하려 드는 일이 하나둘 늘어 간다. '이 사람은 저런 모습이 있으니 이기적일 거야.', '그 사람은 그때 보니 싸하던데, 왠지 별로일 것 같아.' 마치 모든 사람을 꿰뚫어 보는 듯, 삶을 다 알고 있다는 듯이. 얼마나 오만한 모습이었는지 한동안은 자각하지 못했다.

 정작 나 자신도 어제의 생각과 행동이 잘못되었음을 깨닫고, 오늘은 조금씩 다르게 살아가려 노력하면서도 누군가의 일부분만 보고 전체를 판단하려 들다니. 한 치 앞도 알 수 없는 인생 속에서 좌절과 환희를 수없이 겪으면서도 내 삶과 타인의 삶을 장담하려 들다니…. 차마 들춰 보기 힘든 민낯과 똑바로 마주했던 시간이었다.

 그렇게 지난날을 회고하며 분명히 알게 된 것이 하나 있다. 이 세상엔 장담할 수 있는 일이 아무것도 없다는 것. 내 인생도, 타인의 인생도, 하물며 내일의 날씨조차도.

일상이 더 행복해지는 습관

 10분 일찍 일어나 하루를 시작한다. 아침을 챙겨 먹으며 나만의 시간을 갖고, 좋아하는 음악을 들으며 출근길에 오른다. 마음이 맞는 사람과는 시시콜콜한 대화를 나누고, 하루 한 끼만이라도 건강한 음식으로 몸을 챙긴다. 아직 오지도 않은 먼 미래의 일을 미리 걱정하지 않고, 잠들기 전에는 경직된 몸을 꼭 풀어 준다. 그리고 좋은 기억만 떠올리며 천천히 잠에 든다.

 이렇게 쌓인 하루가 모여 결국 인생이 된다. 내 건강과 마음, 기분을 좋게 유지하려는 노력이 삶의 만족도를 상승시켜 주는 중요한 열쇠가 되어 준다. 이 사실을 기억한다면, 매시간을 허투루 보낼 수 없다. 좋은 사람들과 좋은 것만 먹는 하루를 보내기에도 시간은 턱없이 부족하니까.

올해가 가기 전에
　　　주고 싶은 것들

쉽게 무너지지 않는 정신
성숙하고 아름다운 내면
목표를 이루고 마는 집념
인생을 뒷받침해 줄 체력
감사함을 발견하는 여유
타인을 향한 너그러운 시선
좋은 사람들과의 추억
매 순간 웃음으로 가득한 나날

올해는 나에게 꼭 해 주고 싶은 것들을 잊지 않고 떠올리며
나를 소중히 대하는 시간으로 채워 가기를.

행복해야겠다는 오기

살아 낼수록 이번 생은 꼭 행복해야겠다는 오기가 생긴다. 불행이 들이닥칠수록, 세상이 원망스러울 만큼 고통스러울수록 나는 두 눈을 크게 뜨고 어깨를 곧게 편 채 더욱 꼿꼿한 태도로 삶에 맞선다.

누군가 내 가정사를 운운하며 나를 불쌍한 아이로 바라볼 때면 가련한 아이의 찬란한 성장을 지켜보라고 마음속으로 조용한 선포를 했다. 사랑에 빠져 방황하며 허우적거릴 때면 나부터 괜찮은 사람이 되어 반드시 좋은 사람을 만나겠다고, 내가 자라온 환경과는 다른 따뜻한 가정을 꾸릴 수 있는 인간으로 거듭나야겠다고 다짐했다.

다양한 형태로 균열을 일으키던 크고 작은 불행들은 나에게 그런 장치였다. 꿈꾸던 행복을 실현해 내기 위해, 손에 닿지 않던 행복을 만지기 위해 나를 켜켜이 다지는 장치. 돌이켜 보니 알겠다. 지독했던 나의 불행이 결국 지금의 나를 키워 냈다는 것을.

내가 나를 보살피는 일

너무 행복해서 슬퍼질 만큼 벅찬 순간이 잦아졌다. 10대부터 20대까지는 온전히 행복하지 못했다. 싸우는 소리, 우는 소리, 원망하는 소리, 절망적인 소리. 원치 않는 고통 속에서 나를 지키는 일이 우선이었기에 결핍이 많은 채로 덜컥 어른이 되어 버렸다.

사랑을 주는 법도, 받는 법도 모르는 아이가 어른 노릇을 하려니 뭐 하나 제대로 굴러가는 일이 없었다. 어떤 날은 세상이 무너진 듯 울기도 하고, 또 어떤 날은 나를 다독이다가도 냉철하게 비난하며 스스로를 부단히 보살펴 왔다.

그렇게 끈질긴 사랑으로 잘 길러 낸 내가, 지금은 사랑하는 사람과 하루하루를 따뜻하게 보내며 하고 싶었던 일을 기어이 찾아 열심히 살아가는 내 모습을 직관하는 것. 그것이 요즘 나의 가장 큰 행복이다.

꾸준함이
　　만드는 단단함

책을 가까이하여 내면을 다지기
청결하고 단정하게 나를 가꾸기
가벼운 운동으로 꾸준히 체력 기르기
건강한 음식으로 잘 챙겨 먹기
긍정적인 사람들과 함께하기
나를 의심하게 하는 사람은 멀리하기
목표에 혈안이 되어 많은 것들을 놓치지 않기
휴식을 즐기는 여유를 갖고 살아가기
혼자 있는 시간을 잘 활용하기
배움에 대한 즐거움은 놓지 않기

특별하고 위대한 사람은 없다

 전시회를 보며 사색하는 것을 좋아한다. 주로 사진이나 그림 전시회를 찾곤 하는데, 그중에서도 에드바르 뭉크 전시회에서 본 한 장면이 유독 선명하게 남아 있다. 그를 알린 대표작 앞에만 사람들이 몰려 있는 광경이었다. 그 모습을 멀찍이서 바라보자, 왠지 모를 허탈함이 밀려들었다. 다른 곳에도 좋은 작품들이 많은데 주목받는 것은 단 하나뿐이라니. 그 순간, 묘한 기시감이 스쳤다.

 나는 변한 게 없다고 생각하지만, 직업이 달라진 시점부터 주변에서 나를 대하는 태도가 바뀌었다고 느낄 때가 있었다. 마치 특별한 사람인 양 치켜세우는 다듬어진 말들과 긴장된 태도들. 그렇게 특별하다는 착각을 불러일으키는 것들에 둘러싸이다 보면, 정말 내가 그런 사람인 것만 같다는 생각이 들기도 했다.

특별하고 위대한 사람은 없다. 그저 자신이 잘하는 것이 우연히 남들의 시야에 포착되고 발견되는 것일 뿐. 한 사람의 인생은 그 자리에서 저마다의 빛을 내뿜는다. 끝날 때까지 끝난 게 아니라는 말도 어쩌면 이러한 인생의 특별한 장치 덕분에 생겨난 것이 아닐까.

감히 꿈을 품고 그 길을 향해 나아가는 모든 이에게 전할 수 있다면, 이렇게 말하고 싶다.

나만 힘든 것 같고, 나만 잘 풀리지 않는 것 같을 때. 정말 그러고 싶지 않아도 자꾸만 주변과 내 상황을 비교하게 되는 날이 있을 거예요. 모든 걸 포기하고 싶어질 때도 있겠지요. 낮아질 대로 낮아진 자존감을 티 내지 않으려 애써도, 인생을 둘러싼 관계와 일들에서 조금씩 균열이 생기기도 할 거예요.

슬픔이 필요하다면 슬퍼해요. 좌절이 필요하다면 좌절해요. 내게 다가온 것들을 억지로 부정하고 막으려 할수록 오히려 마음의 탄성은 더 거세지니까요.

특별해 보이는 이들에게 기죽을 필요 없어요. 나부터 지금의 나를 받아들여 봐요. 그러면 내가 겪는 많은 일들이 훗날 나를 뒷받침해 줄 찬란한 에피소드가 되는 날이 올 거예요. 반드시.

나를 수용하는 힘

책을 읽거나 영화를 보다 보면, 문득 와닿는 문장에 오래 머무를 때가 있다. 다음 장면으로 넘기고 또 넘겨 봐도 그 문장과 대사를 되새기느라 머릿속은 분주해진다. 혼자 끙끙 앓으며 묵혀 두었던 고민, 해소되지 못하고 숨어 있던 결핍들이 비로소 인정받는 기분이랄까.

그 하나의 문장, 그 하나의 대사는 내가 늘 부정하고 미워하며 밀어냈던 모든 것들이 사실은 누구나 느낄 수 있는 것이었다고 감싸 주는 듯하다. 그동안 나는 나 자신을 있는 그대로 수용해 주지 못했구나, 내가 느끼는 것들을 존중하고 받아들이는 것만으로도 위로를 받고 존재의 의미를 되찾는구나 생각했다.

남들에게는 쉽게 건네던 위로와 힘들어할 땐 이유를 묻지 않고 토닥이던 다정만큼 나에게도 자상해지기로 다짐했다.

너답게
　　있어 줘

모두에게 좋은 사람일 필요는 없어.
　네가 얼마나 따뜻한 사람인지
　　　나는 알고 있으니까.

모든 말을 귀담아들을 필요도 없어.
　네가 얼마나 여린 사람인지
　　　나는 알고 있으니까.

너는 그저 너답게 있어 주면 돼.
있는 그대로의 네 모습이 가장 빛나니까.

피곤한 사람은 멀리한다

　감정적인 대응으로 작은 일도 크게 만드는 사람. 아주 사소한 것에까지 의미를 두며 물고 늘어지는 사람. 짜증의 역치가 낮아 주변 사람들마저 눈치를 보게 만드는 사람. 자기 손해 되는 일은 절대 하지 않는 사람. 평소엔 연락 한 통 없다가 필요할 때만 찾는 사람. 가까이에 있으면 나까지 피곤해지는 사람은 더는 곁에 두지 않는다.

　불안정하고 다듬어지지 않은 자아는 스무 살 즈음까진 이해할 수 있다. 그 시절은 아직 자신을 찾아가는 시작점에 놓인 치열한 시기니까. 누구나 감정적으로 서툴 수 있고 이기적일 때도 많으니까. 그러나 서른이 넘으면 이야기는 달라진다. 옆에서 잔소리로 일깨워 주는 사람이 점점 줄어들면서, 한 사람의 인성과 품격은 스스로를 어떻게 검열하고, 깨우치고, 배워 나가느냐에 달려 있게 된다. 때문에 나이가 들어도 스스로를 돌아보려는 의지가 없어 미성숙한 태도를 유지하는 사람은 결국 제자리를 맴돌 뿐이다. 그런 사람이라면, 애써 그 곁에 머물 이유가 없다.

나를 잃지 않도록

부정적인 감정을 다스리는 방법

1. 감정을 해소하려 들지 않기

외로움, 불안함, 우울함이 밀려올 때 쉽게 헤어 나오지 못하는 가장 큰 이유는 그 감정을 얼른 해소하고 없애야 한다는 조급함에 있다. 긍정적인 감정에 비해 부정적인 감정은 어릴 때부터 줄곧 외면받아 왔다. 그래서 감정을 무작정 억제하거나 회피하거나, 때로는 분출하면서 자신과 타인에게 폭력적으로 해소해 온 경우가 많다. 하지만 괜찮다. 내 삶의 안위를 위해 필요한 것들은 하나씩 배워 가면 된다. 우선 부정적인 감정이 들 때 그것을 없애야 한다는 의무감을 내려놓고, 그 감정을 있는 그대로 두고 바라보는 여유로운 태도를 기르는 것으로 첫걸음을 내딛자.

2. 감정을 느끼면서 이름을 찾아 주기

내가 지금 느끼는 감정이 무엇인지 아는 것만으로도 마음은 조금씩 안정을 찾아간다. 얼굴에 뭐가 나거나 몸이 아픈 건 눈에 보이기 때문에 어떤 치료가 필요한지 금방 알아차릴 수 있고, 그에 맞는 처방도 가능하다. 그러나 감정은 눈에 보이지 않기 때문에 즉각적인 처방이 어렵다. 모호하고 복잡한 감정을 가슴에 품고 있는 시간이 길어질수록 고통도 가중된다. 내가 지금 느끼고 있는 감정이 외로움인지, 불안함인지, 혹은 수치심인지, 그 이름을 찾고 나면 마음이 서서히 평온해지는 걸 느낄 수 있다. 이제부터는 그 감정에 맞는 처방을 하나씩 찾아주는 다음 단계로 넘어갈 수 있으니까.

3. 건강하게 대체할 수 있는 것들을 만들기

부정적인 감정은 자극적인 걸 좋아한다. 자극적인 매체, 자극적인 음식, 자극적인 하루. 불안이 기저에 깔린 감정이라, 불안감을 빠르고 쉽게 해소할 수 있는 것으로 찰나의 감정을 만족시키고 억제하려 든다. 공허함이 짙어질 땐 술 대신 가벼운 산책으로, 외로움이 고조될 땐 사랑하는 이들과의 대화로, 불안감이 휩몰아칠 땐 글로 감정을 쏟아 내는 방식으로. 나를 해치는 방법이 아니라 나를 더 건강하게 만드는 나만의 방법을 하나씩 찾아, 부정적인 감정도 어여쁘게 바라보고 능숙하게 다룰 줄 아는 어른이 되어 보자.

중독에서 벗어나는 일

 직장 생활을 막 시작했을 때부터 마시던 커피를 10년이 지난 지금에서야 서서히 끊게 되었다. 처음 그 쓴맛을 경험했을 땐 도대체 이런 걸 왜 마시는지 이해할 수 없다고 말하던 나였다. 하지만 경력이 쌓여 갈수록 커피가 없는 아침은 상상조차 할 수 없는 지경이 되었다. 그냥 마신다기보다 수혈하는 거라고 동료에게 우스갯소리로 말하곤 했는데, 정말 그랬다. 커피는 약이었다. 각성 효과가 있어야만 잠시나마 피로감을 잊고 일을 할 수 있었다.

 누구에게나 무언가에 취해야만 견딜 수 있는 때가 있다. 누군가는 술에, 누군가는 담배에, 또 어떤 이는 연애에 기대어 버틴다. 빠르게 기분이 좋아지는 즉각적인 쾌락을 주는 것들로 내게 결핍된 것들을 해소시키는 때.

 깊이 빠져드는 순간, 인생이 뒤흔들릴 만큼 위험하다는 것을 알면서도 중독된 무언가를 단번에 끊어 내기란 쉽지 않다.

그럼에도 포기하지 않고 재차 시도해야 한다. 중독되게 하는 것들에 의존하지 않고 정면으로 마주해 보는 것도 좋은 방법이겠다. 외롭고, 힘들고, 불안하더라도 감정을 억지로 해소하려 애쓰기보다는 그대로 느끼고, 잠시 두고, 견뎌 보는 것.

그리고 대체할 수 있는 시간들을 하나씩 채워 보는 것. 외로울 땐 친구에게 전화를 걸고, 힘들 땐 좋아하는 영화를 한 편 보고, 불안할 땐 글로 마음을 선명하게 풀어 놓는 식으로.

어떠한 수단과 방법을 동원해서라도 중독에서 벗어나야 한다. 중독에 대한 대가로 내 시간과 건강, 삶의 일부를 조금씩 내어 주어야 하고, 나를 해치는 일에는 언제나 후회가 따르기 마련이니까.

기분이
　　태도가 되면

감정적으로 대응하게 된다.
현명한 판단을 하지 못한다.
누군가에게 상처를 주게 된다.
주변 사람들이 피곤해진다.
후회와 자책에 시달린다.
이런 내가 싫어진다.

노력은 배신해도 성실함은 배신하지 않는다

아무리 남들보다 많은 노력을 기울였다 해도 그만큼의 결과가 따라오지 않을 때가 태반이다. '이번엔 이 정도로 노력했으니, 지난번보단 결과가 좋을 거야.' 견고한 확신에도 노력에 상응하는 좋은 결과는 좀처럼 쉽게 모습을 드러내지 않는다.

무언가 큰 결실이 맺어질 때는 노력 외에도 인간의 힘으로는 가늠하기 어려운 '운'이 조화롭게 맞물려야 이루어지는 법이다. 그래서일까. 노력은 기대와 달리 시도 때도 없이 나를 배신하곤 한다.

그렇다고 크게 낙담하지는 않는다. 오히려 더 단단해진다. 노력을 통해 몸에 밴 집념과 성실함은 결과에 실망한 감정을 빠르게 수습해 지금 내가 해야 할 일을 다시 찾아 나서게 하고, 어떻게든 노력과 행운이 모일 수 있도록 만들어 내는 조용히 강한 능력임을 알기에.

성공은 하루아침에 오지 않는다

 한 분야에서 성공한 사람들을 보면, 그저 우연히 그 자리에 선 것은 아니라는 생각이 들 때가 많다. 그들은 실력을 기본으로 장착하고, 일과 일상의 경계 없이 매일 고민하고 구상한다. 자신의 능력이 대중에게 얼마큼 설득력을 가질지, 타인의 심리는 어떨지에 늘 관심을 두며 스스로를 객관적으로 판단하고 뜯어본다.

 그 모든 과정에서 큰 스트레스를 받으면서도 성취와 행복을 느끼며 멈추지 않고 나아간다. 현실에 안주하지 않고 배움을 소홀히 하지 않으며, 좌절 속에서도 다시 일어서기를 반복하는 그들은 존재하는 자체만으로도 '나도 포기하지 말아야지. 잘 살아 봐야지.' 하는 안간힘을 내게끔 독려한다.

부러우면 부럽다고 하면 그만이다

누가 봐도 잘난 사람을 봤을 때, 어떤 이는 그 사람의 단점을 찾으려 혈안이 되고, 어떤 이는 존경할 만한 부분을 빠르게 찾아낸다. 사실 두 사람 모두 같은 모습을 보았을 것이다. 전자는 그 사람만의 특별함을 애써 외면하려다 보니 질투라는 강한 자극이 마음을 모나게 했을 뿐.

부러울 땐 부럽다고 인정하면 그만이다. 이러한 인정은 그 사람과 나는 비교가 성립될 수 없는 고유한 존재임을 받아들이게 한다. 비교, 질투, 열등감이라는 감정에는 한 인간을 곪게 만드는 악한 힘이 있다.

누군가 부러워질 때, 미워하는 마음에서 방향을 틀 수 있다면 인생은 달라진다. 성숙한 인간으로 성장케 하고, 누군가를 쉽게 미워하는 지옥 같은 마음이 아닌 사랑이 넘실대는 마음으로 삶을 대할 수 있다.

내면이
단단해지는 방법

혼자 있을 때 몰입할 취미를 만든다.
스마트폰 사용 시간을 줄여 나간다.
부정적인 감정이 들 때 제어해 본다.
스트레스 푸는 습관을 바로잡는다.
짧게라도 독서하는 시간을 가져 본다.
건강한 사람과 자주 대화를 나눈다.
일상적인 운동을 생활화한다.

혼자 시간을 보낸다는 것은 참 곤욕스러운 일이었다. 적막 속에 있는 일은 불안의 늪에 깊이 빠져 헤어 나오기 힘들 만큼 속수무책으로 불안케 했다.

그러나 내면이 단단해지기 위해서는 흠뻑 몰입할 수 있는 단 하나만 있어도 충분하다. 그러면 혼자 있는 시간을 더 이상 두려워하지 않게 된다.

충동적으로 움직이는 감정과 소비 패턴을 바로잡고, 건강한 사람들과 자주 대화를 나누다 보면 내가 사는 환경이 점차 달라지고, 보이는 나와 내가 보는 나의 모습이 점점 일치되는 순간이 찾아온다. 스스로에게 당당해지고 내실이 단단해지는 순간이.

사람한테 자꾸 데이다 보면

낯선 사람에게 방어적인 태도를 취하게 된다. 사람의 단편적인 모습만 보고는 섣불리 믿지 않고, 유심히 관찰하며 천천히 알아 간다. 그래서 깊은 관계로 이어지기까지는 오랜 시간이 걸린다. 그렇기에 되도록 새로운 인연을 맺지 않으려 한다. 또다시 사람에게 상처받을까 두려운 마음에, 무엇보다 나를 보호하는 것이 가장 우선이 되었기 때문에 분명 이 사람이 좋은 사람임을 알면서도 선뜻 마음을 다 주지 못한 채 머뭇거리기를 반복한다.

어쩌다 내가 이렇게 되었는지 스스로도 답답할 때가 많지만, 이젠 어쩔 수 없다는 걸 안다. 단지 사람이 좋다는 이유 하나만으로 철석같이 믿고 바보같이 사랑해 버렸던 그때의 순수를 영영 잃게 되었다는 걸 잘 안다.

못된 말에는 친절할 필요 없다

　기분이 나빠도 티를 잘 내지 못한다. 자라 온 환경, 타고난 성향, 사람을 상대하는 직업적인 영향으로 인해 부정적인 감정을 해소하기보다는 잡아 두는 데만 능해졌다.

　좋지 않은 분위기를 풀어 보려 애서 왔던 노력들은 정신을 피폐하게 했고, 좋은 성과를 내기 위해 사력을 다했던 날들은 육체를 쇠약하게 만들었다. 나름 열심히 살아왔다고 자부했던 지난날들이 정신과 육체에 쌓이고 쌓여 결국 독이 되어 가고 있었음을 왜 알아차리지 못했을까. 웃고 싶지 않을 땐 웃지 않아도 된다는 걸 왜 까마득하게 잊고 살아왔던 걸까. 도대체 나는 무엇을 위해 이렇게 살아가고 있었던 걸까.

　허무해졌다가, 화가 났다가, 비참해지기를 거듭한 끝에야 비로소 마음을 다잡게 되었다. 어떤 일이든 건강을 해치지 않는 선에서 내가 할 수 있는 일에는 최선을 다해 이행하고, 베풀어 준 호의를 당연한 권리로 여기는 사람에게까지 애쓰지 않으며, 내 인생을 1분 1초도 허투루 쓰지 않겠다고.

부정적인 사람과는 거리를 둔다

그 사람이 좋고 나쁘고를 떠나, 그저 나를 지키기 위함이다. 예전에는 그러지 못했다. 그 사람이 그렇게 변할 수밖에 없었던 과거가 자꾸만 눈에 밟혀, 나는 수시로 냉정을 잃었다. 꾸역꾸역 이해해 보려 했고, 그럼에도 이해가 어려울 땐 무작정 사랑으로 품어 보려고도 했다. 하지만 내게 남겨진 건 삶을 비관적으로 바라보는 시선과 스트레스, 불안, 낮아진 자존감처럼 두 어깨를 저 아래로 주저앉히는 것들뿐이었다.

더 깊은 심연, 더 깊숙한 수렁에 빠지지 않을 수 있었던 건 사람을 비롯해 부정적으로 이끄는 모든 것들을 멀리하는 태도 덕분이었다. 그리고 그러한 태도는 이기적인 것이 아니라 삶을 지켜 내기 위한 울타리라는 믿음이었다.

스트레스가 보내는 신호

사람을 상종하기도 싫어진다.
누가 살짝 스치기만 해도 화가 난다.
인간에 대한 혐오가 짙어진다.
자극적인 음식을 찾게 된다.
잠을 자도 피로가 가시지 않는다.
방을 정리할 기운조차 없다.
탁 트인 곳으로 가고 싶어진다.
얼굴이 그늘지고 표정이 사라진다.

'나'를 보면 스트레스가 어느 지점까지 다다랐는지 알 수 있다. 내 표정, 말투, 몸. 나를 이루는 모든 곳에서 스트레스가 한계를 넘어설 지경이니 제발 알아봐 달라고 아우성친다.
이 신호를 무시하면 우울감, 불안감과 같은 짙은 감정에 빠져 헤어 나오기 힘든 상황을 겪게 된다.
그러니 언제나 나를 살펴보는 버릇을 가져야 한다. 나를 지켜 내기 위해서.

절박할수록 멀리 보기

 무언가 크게 이루고 싶은 욕심과 욕망이 치솟는 시기를 조심해야 한다. 부러운 사람, 갈망하는 삶만 눈에 밟히는 위험한 시기. 미래에 대한 갈증이 고조되는 시기. 갈증은 광기로 변하는 순간, 정신을 지배해 버린다.

 그런 모습을 익히 보아 왔다. 어떤 수단도 가리지 않고 반드시 가져야만 한다는 속삭임에 휘둘려 도덕적이지 않은 행태를 일삼는 모습들을. 자신의 만족을 채우는 물질적인 성취, 사람들이 우러러보는 명예. 그토록 갈망하던 많은 것들을 얻을 수는 있을지도 모른다.

 그러나 본인이 가장 잘 알고 있다. 지금의 결과는 내 노력으로 일궈 낸 것도, 내 실력도 아니라는 것을. 자신을 향해 칼을 겨누는 대상이 결국 자기 자신이라는 것만큼 가혹하고 슬픈 일이 또 있을까.

절박할수록 멀리 바라보고 조급해하지 않아야 한다는 것을, 요즘 부쩍 절박함에 스스로를 몰아붙이고 있는 나에게 되새겨 본다.

과하게 의존하는 삶이 아닌

 SNS, 도파민, 자기 계발, 갓생…. 끊임없이 더 나은 사람이 되라고 부추기는 시대 속에서 지금 내가 해야 할 일은 무엇일까. 아마도 온전한 자신을 있는 그대로 받아들이는 일일 것이다. 나는 어느 순간부터 어딘가에 취해 있어야만, 누군가에게 인정받아야만 인생을 잘 살고 있는 것이라 믿고 있었다. 아무리 채워도 채워지지 않는 갈급함에 허덕이는 나날들. 허나 이런 식으로 나를 대하며 살았다가는 그 끝에 남는 건 텅 빈 삶과 앙상해진 마음일 것만 같아서, 이제는 달라지려 한다.

1. 휴대 전화에 얽매이는 시간 줄이기

 자극적인 기사 하나가 터지면 모든 소셜 네트워크에서 무자비하게 재가공되어 알고 싶지 않아도 기어코 눈에 밟힌다. 별 생각 없던 소식에 관심을 두게 되고, 댓글을 읽다 보면 나도 모르게 휩쓸려 누군가를 쉽게 미워하고 혐오하는 데 시간을 쏟게 된다. 1분 1초가 소중한 내 시간이 귀하게 쓰이기는커녕

죽어 간다는 표현과 딱 어울리는 상황이 아닐까. 그래서 생각했다. 휴대 전화를 대신할 것들을 되도록 많이 만들어 두자고. 책을 읽고, 청소를 하고, 스트레칭을 하고, 피부 관리를 하면서 기왕이면 나에게 건강하게 남는 것들로.

2. 수식어에 구속되지 않기

'일 잘하는 나', '밝은 나', '완벽한 나'처럼, 어릴 적이든 일을 하면서든 누구나 한두 개쯤은 타인에게서 수식어를 부여받기 마련이다. 누군가에게 인정과 칭찬을 받으면 그 순간엔 큰 힘이 되지만, 시간이 지날수록 그 말들이 오히려 나를 구속한다. 더 이상 인정받지 못하면 도태되는 것만 같고, 능력을 배제한 나는 한없이 초라해지는 기분마저 든다. 그래서 요즘은 타인에게서 능력에 대한 칭찬을 들을 때면 곧바로 마음속으로 내 존재를 격려해 준다. '일을 잘하는 것도 나고, 어쩌다 못 하는 것도 나야.', '웃을 때도 예쁘지만, 울 때는 더 예뻐!' 완전한 내 편에 서서, 뻔뻔하다 못해 닭살이 돋을 정도로.

3. 휴식하는 시간을 정해 놓고 쉬기

열심히 아등바등 살다 보면 부작용이 생긴다. 어떻게 쉬어야 하는지 잊어버리는 부작용. 하루를 빠듯하게 살아 내는 사이, 단 몇 분 가만히 있기만 해도 이러면 안 될 것 같은 죄책감에 사로잡힌다. 그 결과, 피로는 누적되고 툭하면 번아웃이 찾아온다. 그래서 이제는 휴식도 하나의 일정으로 넣어 둔다. 오늘 하루는 무작정 게으르게 보내는 날. 지금부터 딱 10분 동안 하고 싶은 걸 하면서 쉬기. 고작 이 정도의 틈을 만들어 놓았을 뿐인데 예전보다 숨이 더 잘 쉬어졌다. 금세 헐떡이고 지치는 숨이 아니라, 오래 이어져도 다시 원래의 호흡을 되찾는 긴 숨이.

물론 단번에 되지는 않을 것이다. 함께해 온 시간이 오래된 만큼 쉽게 변화될 리는 없다. 그러나 포기하지 않으려 한다. 과도한 집착과 의존으로부터 벗어나는 일. 있는 그대로의 나를 사랑하는 힘.

조용히
이기는 사람

자신의 강점과 약점을 잘 알고 있다.
약점을 보완할 방법을 모색한다.
성장을 위해 꾸준히 노력한다.
실패와 평가 앞에서도 주눅 들지 않는다.
도움이 되는 평가는 체화한다.
목표를 이뤄도 들뜨지 않는다.
묵묵히 주어진 일을 해낸다.

솔직함도 폭력이 될 수 있다

누군가는 상대를 위해서라며 그 사람의 성격이나 외모, 약점을 파헤치고 솔직하게 지적한다. 그러나 나는 단언하고 싶다. 다듬지 않은 솔직함은 폭력이 될 수 있다고. 듣는 이의 마음을 헤아리지 않은 말은 상처로 박힐 수밖에 없다.

말은 형체가 없어서 가볍게 여겨지기 쉽다. 말로 생긴 마음의 상처는 대수롭지 않게 여기게 되는데, 그 흔적은 쉽게 지워지지 않고, 어떤 상처는 평생 사람을 불안과 고통 속에 가둬 두기도 한다.

진심으로 누군가를 위한다면 바뀌어야 한다. 자신의 솔직함을 쏟아 내야만 직성이 풀리는 대화 방식은 결국 일방적인 독백에 불과하므로, 오래된 습관이라면 깨뜨려야 한다. 진짜 소통은 배려에서 시작되며, 마음을 다해 다가가는 것이 곧 대화의 본질이기 때문에.

무례한 사람을 보면 애처로운 이유

예전에는 남에게 심한 말을 퍼붓는 사람을 보면 지레 겁부터 먹었다. 뱉어 내는 말처럼 의기양양하고 거칠며 강한 사람이라 생각했기 때문이다. 그러나 보이는 것이 다가 아님을, 소리만 큰 그들을 몇 차례 겪어 보며 알게 되었다.

이제는 무례한 말을 서슴없이 내뱉는 사람, 남을 아프게 하는 사람을 보면 오히려 애처롭게 느껴진다. 무례한 말과 행동 속에서 그들의 진짜 인격이 드러나기 때문이다.

여태껏 인생을 살아오면서 자신을 객관적으로 보지 않았고, 잘못된 합리화로 자신을 사랑했으며, 어긋난 신념으로 많은 이들에게 상처를 주며 살아왔을 모습이 그려진다. 여전히 자신의 진짜 모습을 제대로 마주하지 못한 채 살아가는 그들의 삶은 애처롭다고밖에 설명되지 않는다.

내가 본
  멋진 사람들

타인을 시샘하지 않고 존중한다.
자신의 몸과 마음을 가장 아낀다.
이성에게 인생을 걸지 않는다.
외면만큼 내면도 탄탄히 가꾼다.
인간의 다름을 인정한다.
사회적 시선에 주눅 들지 않는다.
타인의 무례함을 부드럽게 제압한다.
자기 삶을 주체적으로 살아간다.

자기 삶을 주체적으로 살아가는 멋진 사람을 보면 나까지 기운이 난다. 인류를 바라보는 시각이 어느 한쪽으로 치우치지 않은 탁 트인 시선과 사회가 요구하는 고정된 역할에 주눅 들지 않는 당당한 태도, 어떤 상황에서도 평정심을 잃지 않는 단단함과 더불어 부드러운 포용력은 그들의 존재를 더욱 빛나게 한다.

누군가 미워질 때
나를 더 사랑해 주기로 했다

인생을 살다 보면 타인이 죽도록 미워지는 때가 꼭 한 번쯤 찾아온다. 그런데 그 모든 순간은 결국 내가 미워지는 순간들이었음을 이제야 인정하게 됐다. 유난히 예민한 사람을 보거나 감정을 조절하지 못하는 사람을 볼 때마다 느꼈던 본능적인 거부감은 모두 나를 향한 것이었다.

타인에게 투사된 치졸하고 나약한 나의 오래된 약점들. 여전히 잘 고쳐지지 않는 부분이면서도 정작 타인에게는 완벽함을 바라고 미워하다니. 그렇게 엄한 곳에 감정을 쏟았던 시간을 이제는 나를 한 번 더 살피는 시간으로 바꿔 나가고 있다.

누군가를 미워하기 전에 나를 객관적으로 한 번 더 살펴보기. 자꾸만 미워하게 되는 내 모습을 어떻게 바꿀 수 있을지 현실적인 방법을 모색해 보기. 그렇게 나를 들여다보는 시간이 늘어날수록 나를 이해하게 되고, 나를 이해할수록 누군가를 쉽게 미워할 수 없으리라는 예감이 든다.

감정에 휘둘리지 않는 삶

 감정을 주체하지 못하면 주변 사람이 피곤해진다. 한때는 타인의 작은 말과 행동에 너무 많은 의미를 부여하며 감정적으로 대하곤 했다. 대화를 통해 풀기보다 혼자 확대 해석하여 오해하고, 일방적으로 감정을 표출하며 타인이 내 마음을 소화시켜 주기를 바랐다.

 감정이라는 것은 스스로 제어하고 소화시키지 못하면 날것 그대로 타인에게 향한다. 그럴 때 주변 사람들은 자기 입장만 알아주기를 바라는 이기적인 사고방식에 갈수록 피로감을 느끼게 된다.

 내가 느끼는 감정에만 몰두하여 타인의 감정을 무시하는 사람이 아니라, 내가 느끼는 감정을 보드랍게 다듬어 대화로 풀어 갈 수 있는 그윽한 어른이고 싶다.

빛나는 눈동자가
　　　말해 주는 것

너처럼 언제 어디서나

눈이 반짝이는 사람은

결국 어떤 일이든 잘 해낼 거야.

너의 모든 시간을 응원해.

일상에 심어 둔 행복

작은 일에도 감동하는 사람이 되려 한다.

자주 감동하다 보면
사소한 것에도 낭만적인 의미를 부여하는 능력이 생기고,
그 능력은 일상 곳곳에 행복을 심어 준다.

가끔 기분이 상하는 일이 있더라도
미리 심어 둔 행복을 하나씩 꺼내 보면
이내 평정심을 되찾는다.

불행에 깊이 빠져 행복을 놓쳐 버리는,
더 큰 불행이 되풀이되지 않도록
오늘도 나는 자주 감동하려 한다.

불편한 사람을
대할 때

더 깍듯하게 대한다.
공적으로 필요한 말만 나눈다.
사적인 이야기는 삼간다.
개인적인 감정을 내색하지 않는다.
마주칠 일이 없도록 한다.
미워하는 마음을 되새기지 않는다.

싫다고 상대를 욕하기보다는
그 사람을 통해 나를 돌아본다.
나 역시 부족한 인간임을 알아차린다.

그럼에도 미움이 가시지 않을 때는
사랑하는 사람들의 얼굴을 떠올린다.

잘 먹고, 잘 자는 것만으로도 충분해

 무기력함이 좀처럼 끝날 기미가 보이지 않고 우울함이 자꾸만 나를 주저앉힐 때, 이대로 있다가는 정말 큰일 나겠다 싶어 생각을 멈추고 몸을 움직여 보기로 했다.

 당장 눈앞에 보이는 흐트러진 물건을 하나둘 세워 제자리에 가지런히 놓고, 밀린 설거지를 하며 조금 더 크게 움직여 보았다. 좋아하는 향의 바디워시를 듬뿍 짜서 구석구석 깨끗이 씻어 내고, 머리까지 개운하게 감은 뒤 드라이기 바람에 실려 오는 산뜻한 기분…. 거울을 보니 입가가 슬쩍 올라가 있다.

 기특함이었다. 다른 말로는 자기 효능감. 평소엔 성공이라 여기지도 않았던 작은 행동들을 하나씩 해내며, 나도 무거운 감정에서 스스로 벗어날 힘이 있다는 걸 확인할 수 있었다. 잠자코 있던 나에 대한 믿음이 기지개를 켠 순간이었다.

그때부터 나는, 누군가 힘든 시기를 겪고 있다고 하면 일단 딱 하루만이라도 아무 생각 없이 잘 먹고, 잘 자고, 좋아하는 걸 하며 푹 쉬라고 말해 준다. 결국 우리를 다시 일으켜 세우는 건 거창한 무언가가 아니라 매일 반복되는 소소한 일상 속의 힘이라는 말과 함께, 힘든 날엔 너무 애쓰지 말고 그저 잘 먹고 잘 자는 것만으로도 충분하다는 진심 어린 마음을 덧붙여서.

수고했어,
      오늘도

오늘 하루도 정말 수고 많았어.
그 안에는 즐거운 순간도,
속상한 순간도 있었겠지.

하지만 따뜻한 기억과
행복한 감정만 마음에 새기자.

내일은 좋은 일들만 가득할 거야.
앞으로도 잘 부탁해.

나의 안부를 묻는 밤

나는 잠이 많은 편이다. 초등학생 때부터 고등학생 시절까지 간신히 지각을 면하거나 지각하는 날이 잦았다. 지금은 오히려 그때가 부럽고 그리울 만큼 잠드는 일이 하나의 과제가 되어 버렸다.

손에 스마트폰을 쥐고 스크롤을 내리다 보면 시간은 훌쩍 지나가 있고, 스마트폰이 아니더라도 눈을 감으면 오늘 있었던 일과 내일 해야 할 일이 떠올라 쉽게 잠들지 못한다. 잠드는 데 오래 걸리는 사람은 그날 하루가 만족스럽지 않아서 그렇다는 이야기를 어디선가 들은 적이 있다. 왠지 고개가 끄덕여지는 말이었다. 분명 눈은 감기고 몸도 피곤해서 잠을 간절히 원했지만, 마음속 어딘가에서 하루의 끝을 늘어지게 붙잡고 놓아주지 않았다.

오늘 하루가 특별히 나빴던 것도 아닌데 의아해하다가, 무엇이 그렇게까지 나를 오늘에 붙잡아 두고 있었을까 생각해 보았다. 아, 지금처럼 오롯이 나에게 물음을 던지듯 하루 종일 나를 궁금해하지 않았기 때문이었구나.

그제야 알았다. 일을 할 때 나는 바짝 긴장한 채, 온 신경을 외부에 두고 사회의 한 일원으로서 해야 할 일에만 집중해 왔다는 것을. 내가 오늘 어떤 기분이었는지, 어디 아픈 곳은 없는지, 사람 때문에 상처받은 일은 없었는지, 그런 안부를 스스로에게 묻지 않았다. 바쁜 일상 사이사이에서도 나의 안부를 살피고, 나를 소홀히 대하지 않겠다고 다짐한다. 두 눈을 꼭 감고 기분 좋게 하루를 놓아줄 수 있는 밤을 보내길 바라는 마음이다.

어른도 그래도 돼

 힘들면 힘들다고, 슬프면 슬프다고 말해도 돼. 어른스럽다는 말을 자주 들으며 자라왔다면 더더욱 그래도 돼. 아니, 그래야만 해. 나도 어른들한테 참 착하다, 속이 깊다는 말을 질리도록 들으며 컸거든.

 그땐 그 말들이 괜히 으쓱하게 들렸지만, 지금 와서 생각해 보면 그 어떤 말보다 더 폭력적이었다는 걸 알게 됐어. 아이가 이른처럼 행동하는 게 어떻게 정상일 수 있겠어. 그럴 수밖에 없었던 이유들이 분명 있었는데 아무도 그걸 알아주지 않았던 거야.

 아이처럼 응석 부리지도 않고, 혼자 슬픔을 삭이며 화를 참고 또 삼키고. 그렇게 곪을 대로 곪아 버린 감정들이, 억눌러 왔던 슬픔들이 20대를 넘어서면서 하나둘씩 터지기 시작했어. 마치 그때 받지 못했던 위로를 이제라도 받아 내야겠다는 일념으로 들고일어난 것처럼 모든 감정이 한꺼번에 폭발하며 휘몰아치더라. 다 놓아 버리고 싶을 만큼 끔찍하고 고통스러운 시간이었어.

그런데 대체 어떻게 견뎌 왔냐고? 심리 상담도 받고, 책도 읽고, 일기도 쓰며 할 수 있는 방법은 정말 다 동원해 봤는데, 결국 여러 시도가 가리킨 가장 중요한 핵심은 감정을 있는 그대로 인정하는 일이었지.

내게 다가온 모든 감정을 차별하지 않고, 있는 그대로 받아들이는 것. 말은 쉽지만 정말 어려웠어. 그동안 길들여진 감정을 소화시키는 습관을 전부 바꿔야 했으니까. 그럼에도 나는 모든 감정을 애틋하게 바라보는 일을 마주했어. 일찍 어른이 될 수밖에 없었던 내게 건넬 수 있는 위로는 이것뿐이라 생각했거든.

그래서 지금도 여전히 노력 중이야. 내가 행복하길 바라는 욕심이 생겨나서. 그리고 내 이야기가 네 마음 가까이에 닿아 함께 행복하길 바라는 욕심도.

지친
당신에게

너무 지칠 땐
굳이 힘을 내려 애쓰지 않아도 돼.

어떻게 매일 웃고
매일 힘을 낼 수 있겠어.

하루쯤은, 아니 단 한 시간이라도
좋아하는 걸 마음껏 하면서
그 순간만큼은 어떤 죄책감도 없이
편안하게 쉬었으면 좋겠어.

2부

그래도 사랑으로 버틸 수 있었어

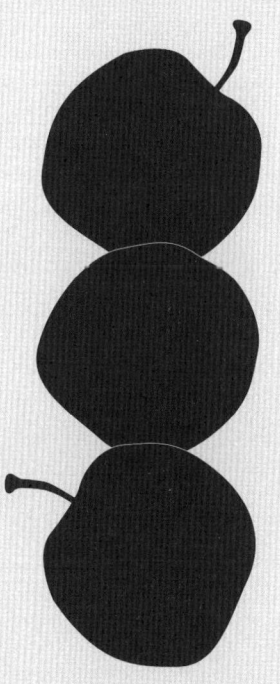

한 사람만 내 편이어도
살아갈 용기가 난다

  단 한 사람이면 된다. 나를 얕게 알고 있는 다수의 사람보다 내 구석구석을 품어 주는 단 한 사람. 나조차 외면하고 싶은 나의 치부를 보고도 꽉 끌어안고 놓지 않는 사람. 맹렬히 다투고 난 후에도 내 곁을 떠나지 않는 사람. 살아갈 이유를 쥐여 주는, 그런 단 한 사람이면 된다.

  사람에게 치여 상처받은 날엔 당신과 눈을 마주치고 대화를 나누는 것만으로 치유가 되고, 지치고 힘든 날엔 재미있는 영화 한 편을 보며 가볍게 술 한잔 기울이면 일주일의 피로가 말끔히 씻긴다. 그럼 나는 또 겁이 없어진다. 잘해 볼 수 있겠다는 용기를 업고 다시 세상에 발을 딛는다. 당신의 굳건한 순애 덕분에.

숨통을 틔워 주는 존재

현실에서 나를 옥죄는 많은 일들로부터 잠시나마 도피할 수 있게 해 주는, 존재 자체가 내겐 한 움큼의 숨인 사람. 그 사람 앞에서는 깊게 숨이 쉬어진다. 미소가 지어지며, 웃음소리도 크게 새어 나온다. 얼굴이 일그러질 정도로 웃는 통에 내 모습이 경박스러워 보인다는 걸 알면서도 웃음이 마를 때까지 웃어 댄다. 나를 달게 바라보던 그의 눈도 따라 웃고 있는 것을 보았다.

그러다 나는 이내, 이내 시글피졌다. 주체하지 못힐 민큼 행복해서. 내일이면 또 이 순간이 얼마나 그리워질까 싶어서.

시간은 우리를 달라지게 할 것이다. 청춘을 시샘하듯 생기로움을 빼앗을 것이고, 온몸을 늘어뜨려 주름 짓게 할 것이다. 그러나 시간은 우리를 영영 앗아가지는 못할 것이다. 육체 너머 눈에 보이지 않는 기억과 눈빛, 슬픔과 사랑. 나이가 들지 않는 영원한 것들로 얽힌 공고한 우리이기에, 시간은 어찌할 바를 모른 채 비껴갈 것이므로.

당신이라는 핑계

요즘 그 영화 재밌다던데,
같이 보러 갈까?
날씨 너무 좋다.
우리, 잠깐이라도 여행 다녀오자.
거기 진짜 맛집이래.
우리도 꼭 가 보자.

 모두 다 핑계였다. 영화를 보는 것보다 당신 손을 꼭 잡고 있는 순간이, 여행을 떠나고 싶은 마음보다 당신과 함께하는 시간이, 맛집에 가는 일보다도 그저 당신과 마주 앉아 맛있는 음식을 먹는 순간이 더 좋은 거였다. 영화, 여행, 음식. 하나도 빠짐없이 당신과 같은 기억을 만들기 위한 좋은 핑곗거리들이었다.

 혼자 보내는 시간이 가치 없다는 뜻은 아니다. 공상에 잠기는 시간은 복잡한 현실로부터 잠시 도피시켜 준다면, 당신과 함께하는 순간은 현실을 사랑하게 만든다. 혼자만 느끼고, 혼자만 생각하는 데 그쳤던 나의 불완전함이 당신의 햇살 같은 미소와 작은 끄덕임 하나로 의미가 완성될 때, 비로소 내 삶은 완전한 확신으로 물들어 간다.

고마워,
　　사랑해

순수하고 걱정 없던 시절이
문득 그리울 때가 많아.

그런데 너랑 있으면
마치 그때로 돌아간 듯한 기분이 들어.

마음껏 웃게 해 줘서
지나간 날들을 기억하게 해 줘서
내일을 살아갈 용기를 줘서
사무치게 고마워. 사랑해.

좋은 사람 곁에서 달라지는 나

　좋은 사람이 곁에 있으면 사람은 변한다. 다른 사람의 눈에도 여지없이 티가 날 만큼. 웃을 일이 많아지니 인상은 자연스레 부드러워지고, 안정적으로 주고받은 사랑 속에서 마음과 얼굴에 드리웠던 그늘이 서서히 걷힌다. 환해지고 환해지다 주변 사람을 밝게 비추기까지 한다.

　어둡고 악하기만 하다고 정의했던 세상에서 빠져나와, 내가 보고 느낀 것이 삶의 전부는 아니었다는 걸 알게 되는 기저 같은 순간을 만난다. 한껏 삐뚤어져 있던 왜곡된 시야를 벗어나 따뜻한 감성으로 사람을 대할 수 있게 된다.

　사랑의 힘이 대단하다고 느껴지는 것도 바로 이런 순간이다. 마음에 차곡차곡 쌓인 사랑이 얼굴과 태도에 묻어나면서 윤이 나고 반짝이는 사람이 되어 간다는 것.

당신과 지독하게 엮이고 싶다

　당신과 단단히 엮이고 싶다. 그래서 뭘 해도 귀여운 당신에게 괜히 말 한 번 더 걸어 보고, 어떤 상황에서도 고운 마음씨를 잃지 않는 당신을 보며 나를 돌아본다. 인간에게 가장 어려운 일은 때때로 마주하게 되는 자신의 조잡하고 치사한 모습을 직시하는 것이라 여기는데, 당신은 그 일을 매일 해낸다.

　작은 걸 하나 건네줘도 세상 다 가진 듯 기뻐하고 감사할 줄 아는 모습. 자기 입과 몸 밖으로 내보낸 말과 행동에 어떻게든 책임을 다하며 살아가는 모습. 어지러운 일들이 연달아 들이닥쳐도 본인은 흔들릴지언정 그 감정을 타인에게 넘기지 않으려는 모습.

　우리 사이에 둔탁한 문제가 놓일 때면 되레 더 다정해지는 당신이란 사람과 지독하게 엮이고 싶다. 자기 몸과 마음에 가장 선한 것으로만 남기기 위해 노력하고 있을 당신을 존경하고, 몹시 사랑하고 있다.

자꾸만
생각나는 사람

웃는 얼굴이 예쁜 사람
잠든 모습마저 사랑스러운 사람
말을 하면 반응이 귀여운 사람
함께 있을 때 마음이 편안해지는 사람
대화가 끊이지 않고 자연스레 이어지는 사람
잘해 주면 더 잘해 주려고 하는 사람
말 한마디도 다정하게 하는 사람
행동에 사랑이 묻어나는 사람
나의 모난 부분까지 품어 주는 사람

자꾸 떠올라 미소를 짓게 만드는, 예쁘고 멋지고 귀엽고 사랑스러운 모습들 덕분에 오늘도 좋은 감정을 머금고 하루를 보낼 수 있을 것 같다.

그럼에도 꿈꾸는

 연애를 포기하고, 결혼을 하지 않고, 아이를 낳지 않는 세대라고 한다. 세대에 대한 문제를 다루는 소리가 왕왕 들릴 때면, 먼저 당사자들의 심정을 살핀다. 인간이 인간의 본능을 거스르는 데에는 분명 웅대한 이유가 있을 것으로 생각하다가, 사랑이 뒤로 밀려난 사회에 대한 우려로 생각은 가지처럼 빠르게 뻗어 나간다.

 더 기묘한 것은 난잡하게 엉킨 생각들 틈에서도 내 마음 한 구석엔 여전히 사랑이 가장 중요하고, 나는 아직 결혼을 꿈꾼다는 것. 곁에서 지켜봐 온 결혼의 실상이 암만 암흑 같았다고 해도 그게 전부라고 믿지 않았다. 어린 내 눈에, 연약한 귀에 들리던 날 선 말들이 어른이 된 지금도 헤집어 들리려고 할 때마다 눈을 감고 그려 보았다.

 나는 꼭 어떤 주제든 대화가 잘되는 사람을 만나야지. 말이라는 걸 무책임하게 던지고 보는 사람이 아니라 예쁘게 다듬을 줄 아는 사람과 사랑해야지. 감정을 다루지 못해 타인에게 쏟아부어야 직성이 풀리는 사람이 아니라 부드럽게 소화할 줄 아는 사람과 함께해야지. 서로에게 익숙해질수록 존중해 주는 사람. 하루를 사랑으로 시작해 사랑으로 마무리할 줄 아는 사람. 너무 현실적이라 퍼석하지 않고, 적당한 낭만을 머금고 촉촉하게 삶을 바라보는 사람. 구석구석 내가 존경할 수 있는 부분을 지닌 사람과 평생을 살아가야지.

그렇게 매번 생생하게 그리다 보니 내가 결혼하고 싶은 사람은 내게 없는 부분, 닮고 싶은 부분을 가진 사람이라는 걸 알게 되었다. 그렇다고 해서 그 사람이 가진 것을 얻기만 하겠다는 뜻은 아니다. 나 역시 존경받을 수 있도록 노력할 것이고, 이해하기 어려운 작은 것들은 사랑으로 품고 감수하겠다는 모든 각오의 말이다.

그렇게 또 살아가자

네가 있어서 참 다행이야. 요즘은 어디를 가든 지켜야 할 것들이 많아서 본의 아니게 진중하고 과묵한 사람이 되곤 해. 그런데 너랑 있을 때 그냥 '나'일 수 있다는 사실만으로도 얼마나 숨통이 트이는지 몰라.

사회에서, 인간관계에서, 삶에서 나를 옥죄는 것들로부터 자유롭게 해 주는 네가 있어서 마음이 놓여. 잔뜩 인상을 찌푸리게 되는 날도, 심각한 일을 겪은 날도 너에게 털어놓고 나면 어느새 환히 웃게 돼. 그렇게 웃다 보면 어떻게든 살아지더라. 네 덕에 여기까지 올 수 있었어. 정말로.

앞으로도 오랫동안 내 곁에 있어 줘. 그저 건강하게, 지금처럼만 있어 주면 돼. 평생 철없이 웃고 떠들면서 그렇게 또 살아가자, 우리.

나이가
　　들어도

우리 평생 행복하게 살아요.
좋은 추억도 많이 쌓고
기쁠 땐 같이 축하하고
힘들 땐 서로 기대며
즐겁게 나이 들어가요.

몸은 연약해질지라도
마음만은 늘 생기가 도는 사람.
우리 꼭 그런 사람이 되어요.

마음에도 시차가 있다

 그때 그 사람의 행동도, 말도, 눈빛도 도무지 이해할 수 없어 속앓이한 날이 많았다. 그러나 이제는 상대방이 이해되지 않으면 이해하기 어려운 그 마음을 그대로 둔다. 그리고 여느 때처럼 사랑하고 미워하며 사계절을 지나고 나면, 어느 순간 그 사람의 마음이 문득 이해되는 때를 만난다. 너무 사랑하니까, 그래서 이해하고 싶었으니까.

 차마 넘겨지지 않는 감정을 억지로 욱여넣어 소화하려 했던 것이다. 많은 계절을 다르게 살아온 우리가 서로를 완벽히 이해하는 것은 하루아침에 이루어질 수 없음을, 가까운 관계라 해도 마음에는 시차가 있음을, 어차피 몇 번의 계절 뒤에는 당신을 더 사랑하는 내가 있음을 인정하고 믿기로 했다.

내 식대로 주는 건 사랑이 아니다

내 방식, 내 기준으로 사랑을 정의해 놓고 나는 사랑을 주고 있다고, 내 마음이 보이지 않느냐고 강요하는 것이 과연 사랑인가. 상대가 생각하는 사랑은 무엇일지, 그 사람의 유년 시절은 어땠는지, 무엇이 결핍되었고, 내가 어떤 식으로 그 부분을 보듬어 줄 수 있을지, 평소에 어떤 걸 해 주었을 때 감격스러워했는지. 상대의 시간과 태도, 가치관을 촘촘히 돌이켜 보면 그 사람에게 간절했을 목마른 영역이 보이기 시작한다.

인정받는 욕구가 채워져야 사랑이라 믿는 사람일 수도 있고, 다정한 언어로 사랑을 표현해 주는 걸 사랑이라 믿는 사람일 수도, 확신과 안정감을 주는 것이 사랑이라 믿는 사람일 수도 있다. 사랑을 내 식대로 주는 건 어렵지 않다. 그러나 상대는 내가 아니기에 그 사람이 원하는 사랑은 나와 같을 수 없다.

어떻게 해야 그 사람에게 맞는 사랑을 줄 수 있을까. 어떻게 하면 이 명백한 사랑을 온전히 전할 수 있을까. 머릿속이 온통 그 사람으로 도배될 정도로 누군가를 사랑하고 있다면, 사랑을 결코 가벼이 여겨서는 안 된다. 그 사람 마음 가까이에 가는 긴 여정에도 결코 주저하지 않겠다는 굳은 의지와 인내, 그리고 각오가 필요하니까.

솔직할
용기

우리 서로에게만큼은 솔직해지자.
서운하면 서운하다고
슬프면 슬프다고 말하자.

사랑받고 싶고
사랑을 확인받고 싶은 마음에 그런 거라고
솔직해지자.

괜한 자존심 때문에
사랑하기에도 부족한 시간을
헛되이 보내지 않기로 하자.

한 번 끝이면 끝인 사람

 함께할 땐 늘 그 사람에게 최선을 다하고, 사소한 단점은 사랑으로 품어 준다. 상대를 바꾸려 하기보다는 있는 그대로의 모습을 받아들이며, 정말 아니다 싶은 순간이 찾아와도 내가 잘못 느낀 것은 아닌지 의심한다. 그러다 끝내 감당할 수 없는 부분임을 확신하게 되면 관계에 대한 모든 희망을 접는다. 자신의 결정에 후회나 미련은 없다.

 '한 번 끝이면 끝'이라는 신념을 품고 있기에, 지금 함께하는 사람에게는 최선을 다하겠다는 나름의 약속을 두고 있다. 관계에 대한 희미한 희망마저 꺼져 버린 사람들의 얼굴과 함께했던 기억이 문득 떠오를 때도 있지만, 그때의 선택을 의심해 본 적은 없다. 일말의 후회도, 미련도 없이.

기울어진 관계는 오래가지 않는다

관계가 갑과 을로 나뉘는 순간, 무게는 한쪽으로만 쏠리게 된다. 매 순간 맞추고 노력하며 양보하는 사람과 그것을 당연하게 받아들이는 사람의 관계는 온전할 수 없다.

맞추고 희생하던 사람은 자신을 먼저 챙겨야 하고, 사랑을 받는 데만 익숙했던 사람은 사랑을 줄 수 있는 시야와 마음의 품을 길러야 한다.

나는 사랑을 예쁘고 설레는 연약한 것쯤으로 여기지 않는다. 나를 잃지 않으면서 상대의 마음도 살피는, 이 말도 안 되는 어려움을 안고서라도 기어코 함께하겠다는 투박한 의지가 나에게는 사랑이다.

사랑할수록
지켜야 하는 예의

상대가 싫어하는 것은 하지 않기
화가 날 때일수록 말을 더 예쁘게 가려 하기
비꼬지 않고 솔직하게 마음을 전하기
한 번 약속한 것은 꼭 지키기
편하다고 해서 가꾸는 일을 소홀히 하지 않기
각자의 시간을 존중해 주기
서로의 다름을 바꾸려 하기보다 받아들이기

서로 가까워졌다고 해서 곁에 있는 것이 당연하다고 여기기 시작하면 예의는 점차 사라지게 된다. 그럴수록 나를 사랑한다는 이유만으로 곁을 지키는 그 사람이 있기에 더욱 안정된 일상을 살아갈 수 있음을 잊지 말아야 한다.
둘 사이에 사랑이 없으면 언제든 틀어지는 것이 연인 관계이다. 사랑할수록 더 예의를 갖추자. 그 사람을 놓치고 싶지 않다면. 그 사랑을 지키고 싶다면.

마음이 편안해지는 대화

 마음이 편안해지는 대화는 따로 있다. 선을 넘지 않고, 서로에 대한 평가나 험담이 없으며, 비속어의 빈도가 낮은 대화. 말하고 듣는 양이 균형을 이루고, 상대를 함부로 판단하지 않으며, 미래 지향적인 이야기를 함께 나눌 수 있는 대화. 진지할 땐 진지하게, 유쾌할 땐 위트를 가미할 줄 아는 대화. 그리고 무엇보다 애정하는 사람과 나누는 대화는 마음 깊은 곳까지 편안함을 전해 준다.

 서로에 대한 이해와 배려가 기저에 자리한 대화는 평소엔 잔뜩 힘이 들어가 있던 어깨를 말랑하게 하고, 찌푸리고 있던 미간 사이를 미끈하게 펴 준다. 호수의 일정하고도 작은 물결처럼 모든 것이 안정적이고 느슨해지는 평화로운 순간.

 나에게 당신과의 대화는 그저 그런 대화가 아니라, 감미로운 클래식과 닮았다고 생각하게 되는 이유다.

다정함을 알아봐 주는 사람

    세심한 배려와 섬세한 보살핌이 처음엔 고맙다가도 어느새 당연하게 여겨지는 태도. 과분한 사랑에 취해 결국 귀한 사람을 놓치고, 되돌릴 수 없는 후회에 사로잡히는 어리석음. 나 역시 그랬고, 주변에서도 흔히 볼 수 있는, 툭하면 일어나곤 하는 일이다.

    그래서 세상에는 다정함을 하찮게 대하는 사람보다 다정한 말과 친절, 그리고 작은 희생에 미안함을 느끼고, 감사함으로 베풀 줄 아는 사람이 더 귀하다. 어쩌면 그들은 인생에서 가장 소중한 것을 잃어 본 아픔을 가진 사람일지도 모른다. 그때는 차마 눈여겨보지 못하고 지나쳤던 사랑의 단서를, 이제는 절대 그냥 흘려보내지 않겠다고 스스로와 약속한 사람일 수도 있다.

소소하지만
매력 있는 태도

눈을 바라보며 이야기하는 것
상대방의 말을 끝까지 들어 주는 것
말의 템포가 너무 빠르지 않은 것
자신에게 어울리게 꾸밀 줄 아는 것
타인의 장점을 잘 찾아 주는 것
부담 없이 담백하게 칭찬을 건네는 것
아이와 어르신에게 따뜻하고 상냥한 것
어떤 상황에서도 여유를 잃지 않는 것

뒤돌아서면 자꾸 떠오르는 치명적인 매력을 가진 사람은
눈빛에 따뜻함이 묻어나고, 배려가 자연스럽게 드러난다.
게다가 깔끔하고 단정한 외모까지 갖추어, 타인의 마음을
의도치 않게 사로잡곤 한다.

사랑을 보답하기 위해

 가까이에 머무르는 사랑하는 사람들의 얼굴을 하나둘 떠올리다 보면 자주 행복에 잠기곤 한다. 사랑에 허기져 있던, 좀처럼 사람을 믿지 못하던 나에게 따뜻하고 선량한 사람들의 조건 없는 사랑은 생명과도 같았다. 살아서 숨 쉬고 다시 움직일 수 있게 해 주는 힘이었다.

 이 각별한 사랑에 내가 할 수 있는 건 지금처럼 꿋꿋하게 살아 내는 것이라 믿고 있다. 힘든 일을 마주했을 땐 슬프고 지친 감정에 깊이 매몰되지 않도록 누군가에겐 꼭 속마음을 털어놓을 것이고, 어떤 날은 아이처럼 울면서 눈물로 흘려보내기도 할 것이다. 모든 게 싫고 짜증이 솟구치더라도 다 포기해 버리겠다는 태세로 나를 극단적으로 몰아가지 않을 것이며, 몸에 좋지 않은 자극적인 음식이나 술을 마시는 것처럼 나를 해치는 방법으로 감정을 해결하려 들지 않을 것이다.

 나를 아끼고 돌보는 것만이 나에게 생명을 준 그들의 사랑에 보답하는 유일한 길임을 알기에.

영원할 것처럼, 불행하지 않을 것처럼

 사실, 삶이 무섭다. 나이는 먹어 가고, 몸은 점점 약해지며, 애달팠던 인연은 하나둘 멀어져 가는, 선명했던 기억이 희미해지는 이 삶에 겁이 난다.

 그러나 나는 쉬이 인정하지 못한다. 영원히 살 것처럼 살아가고, 다시는 불행하지 않을 것처럼 사랑한다. 눈앞에 흐드러진 이 계절의 절경을 두고 어떻게 인정할 수 있겠는가. 내 앞에 서 있는 어여쁜 당신을 두고 내가 감히 어떻게 돌아설 수 있겠는가.

 삶 앞에서 담대해 보이는 나더러 누군가는 독하고 강하다고 말한다. 허나 나는 강한 사람이 아니다. 그저 끝까지 착각 속에 살기로 작정한 것뿐이다. 두 눈으로 당신을 만지고, 두 손으로 당신을 볼 수 있는 오늘을 놓지 않으리라는 불멸한 착각 속에.

삶은
　사랑이 전부다

삶은 사랑이 전부다. 이성 간의 사랑만이 아니라 사람과 사람 사이, 동물, 사물, 눈에 닿는 모든 것들 사이에도 사랑은 존재한다. 그리고 사랑을 주고받을 때만이 삶이 지닌 가치가 피어난다.

그러나 그것은 좋은 사람에게 받는 좋은 사랑이어야 한다. 나를 더 피폐하게 하는 것이 아니라 건강하게 하고, 행복하게 만들어 주는 사람이어야 한다.

그런 사람은 내 안의 본래 가치를 빛나게 하고, 그런 사랑은 타인의 삶마저 변화시킨다.

가장 후회되는 연애

 감정에 솔직하지 못하고 나를 잃으면서까지 붙잡았던 연애. 상대의 치명적인 단점을 알면서도 외면하고 억지로 끌고 갔던 연애. 사소한 부분에 지나치게 집착했던 연애. 충분한 시간과 노력을 들이지 못해 미안함과 후회가 많이 남은 연애. 어른으로서 가장 여물지 않았던 시기의 연애를 돌이켜 보면 후회와 부끄러움으로 자욱하다.

 무엇이 그리 불안하고 애가 탔는지, 상대방을 몰아세우고 내 감정에 취해 밤낮으로 동동거리기 바빴다. 나를 잃어 가는 줄도 모르고, 그 사람이 지쳐 가는 줄도 모른 채. 그렇게 어설펐던 시절의 연애는, 이제 와 곱씹어 보면 옅은 한숨과 함께 아련한 기억으로 남아 있다. 그때의 나는, 사랑을 제대로 여물게 할 줄 몰랐던 미숙한 어른이었음을 이제야 조용히 인정한다.

사랑이라 부르는 것들

 그런 날이 있다. 사랑을 확인받고 싶은 날. 일에 치이고 사람에 치여 마음이 잔뜩 훼손되었을 때, 너덜너덜해진 정신을 부여잡고 무작정 전화를 걸어 그 사람의 목소리부터 듣는다. 별다른 말을 하지 않아도 익숙한 음성에 날 서 있던 신경이 가라앉으며 마음이 놓인다.

 모든 감각이 이완되어 편안히 누워 있는 듯한 안정감. 요즘 나는 이런 느낌을 사랑이라 부른다. 나지막한 목소리로 내 이름을 불러 주는 것도, 내 이야기에 나긋한 눈빛을 보내 주는 것도, 같이 걸을 땐 꼭 왼편에 서서 내 왼손을 잡아 주는 것도.

 사랑이라 말하지 않아도 자리를 지키며 반짝이는 모든 것들이 사랑이다.

행복이 미안해지지 않도록

　인생의 어두운 시기를 지나 비로소 삶에 안정이 찾아왔을 때, 이제는 지겹도록 행복하기만 할 줄 알았다. 그러나 비슷한 아픔과 삶의 무게를 짊어지고 걸어온 이들에게는 아직 안녕이 찾아오지 않은 시기였다. 자신의 계절을 만나기 위한 한 사람의 고독한 싸움을 그저 바라만 보고 있어야 한다는 것은, 나의 행복과 안녕이 미안해지는 몹시 슬픈 일이었다.

　혼자 행복한 것은 의미가 없구나. 내가 누리고 있는 행복이 100가지라면, 사랑하는 이들에게 50가지를 내어 주더라도 나란히 행복해지고 싶다. 아주 간절히.

　그때부터였다. '오늘 점심엔 뭘 먹을까?' 하고 미소 지으며 생각할 수 있는 정도의 가벼운 고민, "아침에 늦었는데 지갑을 두고 나왔지, 뭐야." 하고 수다로 털어 버릴 수 있는 정도의 사소한 무게를 지녔으면 하는, 우리의 나란한 행복을 꿈꾸게 된 것은.

혼자가
　　아니야

유독 지치고 힘든 날엔
혼자 삭이지 말고 꼭 나에게 말해 줘.

내가 모든 걸 해결해 줄 순 없어도
네 슬픔을 감싸안을 마음과
네 얘기를 온전히 들어 줄 시간은
항상 준비되어 있으니까.

혼자 아파하지 마. 알았지?

시절을 타지 않는 인연이길

적어도 우리에게만은 빗겨나가는 말이길 바란다. 시절마다 필요한 인연과 가까워지고, 그 사람과의 때가 지나면 자연스럽게 멀어진다는 의미가 담긴 '시절 인연'이라는 단어는 들을 때마다 가슴이 아려 온다. 나에게는 적용되지 않을 거라 부정하면서도, 지난날을 톺아보면 수긍하지 않을 수 없어 마지못해 고개를 끄덕이다가, 이내 고개를 저으며 괜한 변덕을 피운다.

지금 이 사람은 다를 거라 기대하고, 함께하는 사람들과의 영원을 확신하지만, 결국엔 또다시 슬픔에 잠기고 마는 패턴의 반복. 그때의 생각이 헛되었고, 착각이었고, 욕심이었다고 먼 훗날 자신을 탓하게 되더라도, 지금의 인연에 '시절'이라는 단어를 앞세우지는 않을 것이다.

우리가 함께 눈을 맞추고, 마음을 나누는 지금 이 순간의 소중함만을 생각할 작정이다. 기꺼이 상처받을 각오로.

나를 알아주는 단 한 사람

 누군가가 나를 냉정한 사람이라 말할 때, 그 사람은 나를 여린 사람이라고 했다. 누군가가 나를 빈틈없는 사람이라 말할 때, 그 사람은 나를 아이 같다고 말했다.

 나를 얄팍하게 아는 이들의 섣부른 판단이 난무해도 이제는 기분이 상하지 않는다. 애써 부정하지도 않는다. 그저 말없이 웃을 뿐이다. 예전에는 그러지 못해 사람들의 작은 말에도 쉽게 연연하며 울곤 했다.

 지금처럼 대수롭지 않게 넘길 수 있게 된 건 본연의 내 모습을 알아주는 그 사람이 있었기에 가능했다. 내 모든 말과 행동에 이유가 있으리라 믿어 주는 굳건한 다정함이, 맹목적인 사랑이 발끝부터 머리끝까지 차츰차츰 차올라 나에게도 하나의 보호막이 생긴 듯하다. 세상으로부터 상처를 받아도 금세 회복할 힘을 주는, 나만의 단단한 요새가.

오래된 사람은
내가 대접해야 할 사람이다

오래 알고 지낸 사람에게는 다듬어지지 않은 날것 그대로의 말과 감정을 전할 때가 많다. 사랑받고 싶다는 말을 하고 싶었는데 괜히 모진 말로 화부터 내고, 미안하다고 말하고 싶으면서도 당신 때문이라며 탓을 돌린다. 그저 마음을 솔직하게 전하면 될 일인데, 이 알량한 자존심 하나 때문에 매번 그러지 못한다. 나중에 스스로를 얼마나 책망하게 될지 알면서도, 훗날 후회하는 내 모습이 훤히 보이는데도 쉽게 고쳐지지 않는다.

아마도 서로가 너무 편해지면서 자연스레 풀어진 긴장감이 가장 큰 이유일 것이다. 둘 사이에 오갔던 다정한 말투가 어색해지고, 퉁명스러운 말투가 기본값이 되기 시작하면 '이 사람은 다 이해해 줄 거야.'라는 안일함 속에서 선을 넘는 장난과 불쾌함을 자아내는 태도가 점점 더 과해진다. 밖에서는 잘만 쓰는 상냥한 표정과 다정한 말투, 배려와 공감은 사실 사랑하는 사람에게 더 많이 발휘해야 하는 것들일 텐데 말이다.

내 모난 부분마저 귀엽게 봐 주는, 오래된 그 사람은 내가 가장 대접해야 할 사람임을 매 순간 잊지 말아야겠다. 고맙고, 미안하고, 사랑한다고 고백하며 살아야겠다.

내 마음이 쉬어 가는 곳

연락이 잘되는 사람
감정 기복이 크지 않은 사람
사랑을 잘 표현해 주는 사람
긍정적으로 생각하는 사람
싫어하는 것은 하지 않는 사람
나의 모든 면을 존중해 주는 사람
불안해지는 일을 애초에 만들지 않고
예상 가능하도록 노력해 주는 사람

안정감을 주는 그 사람은 언제나 같은 자리에서 다정히, 굳건히 머물러 준다. 감정에 휩쓸려 요동치는 나와 달리 그는 고요하고도 일정하게 흐르는 강물처럼 그 자리를 지켜 준다.
그렇게 머무르기 위해 얼마나 많은 노력을 기울이고 있을까. 내면의 평온을 잃지 않고, 사랑하는 사람들에게 포근한 안식처가 되어 주기 위해 얼마나 많은 마음을 희석하고 있을까.

자꾸만 귀엽다

  마냥 멋져 보이기만 하던 그 사람이 자꾸만 귀엽다. 진지한 표정으로 무언가를 열심히 설명하는 모습도, 아침에 잔뜩 부은 얼굴로 인사를 건넬 때도, 웃을 때 반달이 되는 눈, 맛있는 음식을 먹고 만족스러워하는 오밀조밀한 입 모양까지도. 귀여우면 끝이라는 게 이런 건가 싶다.

  모든 모습에서 귀여움이 묻어나니, 그 사람의 작은 순간도 놓칠세라 턱을 괴고 탐미하고 있는 나를 발견한다. 내가 지금 보고 있는 건 단순히 그 사람만이 아니겠구나. 나와 맞닿지 않은 시간 속에 있던 어릴 적 모습이겠구나. 순식간에 뭉클해지고, 삽시간에 우리의 관계가 애틋해졌다.

  사랑이란 건 그런 건가 보다. 사소한 것에도 어떻게든 단어를 조합해 의미를 불어넣고, 나는 그 사람을 사랑할 수밖에 없다고, 우리는 만날 수밖에 없는 운명이었다고 믿게 되는 것. 나를 그 사람 삶 속으로 밀어 넣는 것. 사랑은 그런 건가 보다.

촌스러운 사람이 좋다

 겉으로 보기엔 완벽하고 세련돼 보이지만 좋아하는 사람 앞에선 한없이 촌스러워지는 사람. 상대가 무엇을 좋아할지, 이런 건 괜찮을지 꼬리에 꼬리를 무는 고민으로 애써 노력하지만 어딘가 어수룩한 표가 나는 사람이 좋다. 좋으면 좋다고, 모르면 모른다고 솔직하게 말할 줄 알고, 거창한 말보다는 내면에서 우러나오는 진솔함으로 사람을 대하는 인간미 넘치는 사람.

 능숙하고 논리적이며 계산적으로 다가가는 것도 사랑이라 여길 수는 있겠지만, 사랑이 깊어지는 데는 한계가 있다고 생각한다. 함께할 때 티끌만큼이라도 손해를 보고 있다는 생각이 들면 언제든 곁을 떠날 준비가 되어 있는 사람일 테니.

 사랑은 처음부터 잘 다듬어진 예쁘기만 한 완전함이 아니라 유치함이 더 큰 비중을 차지한다는 걸 알고, 사랑 앞에서 괜한 자존심을 부리지 않으며 설렘, 질투, 서운함처럼 유치함으로 꽉꽉 뭉쳐진 감정들을 표현하는 데 주저함이 없는, 촌스러움이 뚝뚝 묻어나는 사람을 결국 사랑하게 된다.

사랑이 모든 걸 이겨

  잘하고 있다고, 내가 최고라고 말해 줘서 고마워. 밥 먹을 땐 늘 나부터 챙겨 줘서 고마워. 예쁘다는 말을 닳도록 해 줘서 고마워. 감정을 강요하지 않아 줘서, 이해되지 않는 부분까지 이해해 줘서 고마워. 사랑받는다는 감정에 익숙해지게 해 줘서 고마워.

  사실 나는 누군가가 조금이라도 칭찬해 주면 그 말을 선뜻 믿지 않았고, 대접받는 게 어색해 늘 뻘쭘해했는데, 널 만나고부터는 조금씩 달라지기 시작했어. 네가 자꾸만 긍정해 주는, 별거 아닌 내 모습들이 점점 빛나 보이기 시작하는 거야.

  그리고 나에게 가장 멋진 네가 인정한 사람이라는 자부심이 생기더니, 이제는 누군가가 나를 칭찬해 주면 속으로 고개를 끄덕이게 돼. 나는 그럴 만한 가치가 있는 사람이라는 걸 나도 스스로 인정하게 되더라.

  그래서 나는 사랑이 기적이라는 말을 믿어. 사랑이 모든 걸 이긴다는 말도.

다정한 사람을
만나야 하는 이유

대화할 때마다 기분이 좋아진다.
사랑받고 있다는 확신이 든다.
화가 나도 예의를 지킨다.
큰 싸움으로 번지지 않는다.
만나면 만날수록 안정감이 커진다.
먼저 사랑을 표현하고 베풀게 된다.
나도 따뜻하고 다정한 사람이 된다.

눈물이 왈칵 나오게 하는 사람

 문득 얼굴을 떠올리기만 해도, 이름을 듣기만 해도 저 아래에 있던 감정을 울컥 올라오게 만드는 사람이 있다. 아마도 다른 이들에겐 보이지 않는, 지극히 개인적인 삶의 희로애락이 서로의 눈빛 속에 아른거리기 때문일 것이다.

 서로의 눈을 바라보면 보인다. 그 사람이 주저앉았을 때, 내가 휘청거렸을 때, 그럴 때마다 어깨를 내어 주고 버텨 주었던 시간들이. 지금이 있기까지의 무수했던 고난과 절망, 기쁨과 환희의 순간들이.

 이젠 나조차도 흐릿해진 인생의 조각들을 나보다 더 애틋하게 바라봐 주는 사람이 눈앞에 있으면 그렇게 된다. 한껏 무장되어 있던 감정들이 너 나 할 것 없이 그 사람을 향해 안기려 들고, 눈에선 여러 갈래의 눈물이 동시에 쏟아져 나온다. 길을 잃었다가 익숙한 얼굴에 안도하는 아이처럼 체면이란 것도 없이 그렇게 된다. 삶의 모든 기억을 언젠가 영영 잃는다 해도 나를 기억해 줄 유일한 내 사람이란 걸 알고 있다는 듯이.

사랑하는 사람은 불안하게 만들지 않는다

서로에게 익숙해지다 보면 처음의 설렘은 줄어들기 마련이지만, 사랑의 유통 기한이라는 것을 초월하여 갈수록 확신을 주는 사람도 있다.

그들은 눈에 보이지 않는 사랑을 눈빛과 언어, 행동으로 자주 전하며 함께하는 시간에 안정감을 느끼게 해 준다. 이는 상대방에 대한 깊은 애정과 존중하는 마음을 당연시하지 않으려는 노력이 있어 가능한 태도다.

시간이 갈수록 확신을 주는 사람이 지금 곁에 있다면, 나에게만 한정된 다정함을 아낌없이 표현해 주는 그 사람을 꼭 붙잡자.

사랑이 더
깊어지는 태도

고마운 마음을 자주 표현한다.
상대방이 싫어하는 것은 하지 않는다.
화가 나도 다정함을 잃지 않는다.
말의 이면에 담긴 본심을 헤아린다.
자라 온 성장 배경을 이해하려 노력한다.
작은 것에도 칭찬을 아끼지 않는다.
언제든 남이 될 수 있음을 인지한다.

오랜 사랑

 오랜 사랑을 이어 왔다는 건 한마디로 정의하기 어려운, 많은 것들이 단단히 결속되어 있다는 걸 증명한다. 그 결속 안에는 수없이 설레고 행복했던 날들, 수많은 어긋남을 맞춰 온 노력, 그 속에서도 꿋꿋이 사랑을 지켜 낸 신의가 있다. 당최 이해되지 않던 부분을 품게 된 포용, 인간이라는 존재를 입체적으로 바라보게 된 성숙함도 있다. 어떤 주제에도 끊임없이 대화할 수 있을 만큼 가장 친한 친구가 된 우리, 아팠던 과거는 애틋하게 감싸 주고 현재와 미래를 응원해 주는 듬직한 그 사람도 있다.

 단숨에 나열하기도 어려울 만큼 촘촘히 쌓인 우리만의 약속과 우리만이 기억하는 순간들이, 여전히 서로가 서로일 수밖에 없게 한다. 오랜 세월이 무색하리만큼.

꽃피는 봄이 오면

 어렸을 때 봄이 오면 꼭 그런 상상을 했어. 길모퉁이에 핀 민들레 하나를 쥐고 호— 불면, 폴폴 흩날리는 이 작고 연약한 홀씨가 어디로 날아가 어떤 모습으로 피어날지에 대한 상상. 그런 생각을 하다 보면 금세 집에 도착해 있었어.

 그런데 요즘은 사느라 바쁘다는 핑계로 잔뜩 예민해져서 발끝에 돌멩이 하나라도 걸리는 날이면 괜히 애꿎은 자갈들을 뻥뻥 차기도 했어.

 오늘은 완연한 봄 날씨가 새삼 너무 설레더라. 버스 창밖으로 보이는 가벼워진 사람들의 옷차림, 바람에 살랑이는 꽃잎들, 작을 빛으로 물들여진 강물들. 뭐 하나 예쁘지 않은 게 없는 거야. 덕분에 오랜만에 기분 좋은 상상에 잠겼어. 지금 내가 느끼는 이 감정이 보드라운 홀씨가 되어 너에게 사뿐히 내려앉아 가장 예쁜 노랑으로 피어나는 상상.

사람이 좋아지기 시작하면 겁부터 난다

 대화가 잘 통하는 사람, 가치관이 잘 맞는 사람, 모든 면에서 마음에 드는 사람을 만나면 덜컥 겁부터 난다. '이렇게 잘 맞을 수 있다고?', '분명 나와는 어딘가 크게 어긋나는 부분이 있을 거야.' 금방이라도 속을 훤히 내보이고 좋아하게 될 것만 같아 스스로에게 급히 질문을 해 대며 마음에 제동을 건다.

 잘 맞는 사람을 만나는 일이 기적과도 같다는 걸 이제는 알기에 신중해진 모습일 테지만, 가끔은 이렇게 변해 버린 내가, 그럼에도 여전히 사람을 사랑하는 내가 너무도 여리게 느껴진다.

잘 자

기분 좋은 얘기를 하다가
잠들면 좋은 꿈을 꾼대.

나랑 예쁜 얘기만 나누며
매일 그렇게 잠들자.

힘든 일은 모두 내려놓고
행복만 꼭 끌어안은 채.

잘 자, 좋은 꿈 꿔.

사랑의 모양

 사랑해, 보고 싶어, 너뿐이야. 입 밖으로 사랑을 꺼내어 눈앞에 놓아 주는 것만이 사랑이라 여기던 때가 있었다. 사랑을 듣지 못하는 날이면 대책 없이 불안에 휘감기던 때.

 사람마다 사랑을 표현하고 느끼는 방식은 다르다는 것을 몸소 보여 주던 그 사람 덕분에 여러 모양의 사랑을 알아보는 안목이 생겨났다. 식당에서 밥을 먹을 때 내 앞접시부터 수북이 채워 주는 사랑. 몸살이 났을 때 따뜻한 물부터 끓여 주는 사랑. 좋은 곳에 가면 꼭 같이 오자는 약속을 내미는 사랑. 대화를 나누면 나눌수록 더 깊어지는 사랑.

 넓어진 사랑의 안목은 그동안 숨죽여 속삭이던 사랑들을 속속들이 캐내 주었다. 이제야 조금은 알겠다. 사랑은 특정한 형태로 정의 내릴 수 있는 것이 아니라 서로를 아끼는 모든 마음의 방식임을.

미움을 사랑으로

"누가 너무 미우면 사랑해 버려요."

한때 많은 사람들에게 깊은 울림을 주었던 어느 감독의 한마디였다. 익숙한 단어로 조합된 간결한 문장에 다정한 듯 얼얼한 깨달음을 주는 심오한 의미까지. 이 완벽한 문장을 알고 난 뒤로는 실톳처럼 뒤엉킨 감정이 차츰 느슨해지는 순간을 자주 경험한다.

비록 화자처럼 미운 사람을 사랑하는 경지에는 이르지 못했어도, 부러움에서 비롯된 모난 감정을 사랑으로 전환하는 시간은 빨라졌다. 눈에 자주 밟히던 누군가를 향해 '부럽다.'라고 읊조리던 내가, 어느 순간 '별론데?', '저건 나도 하지.' 하고 질투와 시기를 뿜어내는 때가 오면 '내가 지금 저 사람을 부러워하고 있구나. 더 사랑해야겠다. 더 배워야겠다.' 하고 쾨쾨함을 씻겨 내느라 분주해진다.

그렇게 씻겨 낸 마음에는 아결한 사랑만이 남고, 나는 정말 그 사람을 더없이 사랑하게 된다.

미안해도 놓을 수 없는 사람

 분명 사랑은 눈에 보이지 않는 거라고들 하지만, 내 앞에 딱 자리를 틀고 앉아 사랑을 떠먹여 주는 사람이 있다. 더 주려고만 하고, 늘 나부터 챙겨 주며, 내가 투정을 부리면 다른 감정은 제쳐 두고 이해부터 해 주는 사람. 치명적인 단점과 오래도록 응어리진 결핍을 품어 주고, 감정이 격해졌을 때는 마음이 가라앉기를 묵묵히 기다려 주는 사람. 그런 말도 안 되는 배려의 깊이에 문득 나 자신을 돌아보게 된다.

 내가 풀이 죽어 있거나 슬퍼하는 꼴이라도 보이면 포옹과 유머, 음식까지 내가 좋아하는 것들을 모두 동원해 빈틈을 사랑으로 메워 주느라 분주해지는 사람의 사랑. 조금의 허기짐도 허락하지 않는 그 투박한 사랑 덕분에, 나는 미안한 마음을 가슴에 새기면서도 사랑을 주는 족족 삼키고 마는 뻔뻔한 사람이 된다.

절대 잊지
　　　못하는 사람

말과 눈빛이 다정하던 사람
가장 힘든 시기를 함께한 사람
같은 추억이 많은 사람
진심 어린 위로를 건네준 사람
유난히 마음이 쓰이던 사람
나를 많이 사랑해 준 사람

그럼에도 사랑하는 이유

 많은 사람들을 알고 지내는 재주는 없어도, 한 번 사랑하겠다고 마음먹은 사람을 오래도록 깊이 사랑할 역량이 있다고 자부한다. 그러나 이런 의기양양한 마음에도 연인이나 친구들과 시간을 보내다 보면 때때로 의심이 드는 순간이 찾아오곤 했다. 비가 갠 오후에 무지개를 발견했을 때만큼이나 아주 드문 일이었지만, 한 번 그런 감정을 마주하고 나면 오랫동안 같은 자리에서 마음이 맴돌았다.

 '그럼에도 이 사람을 사랑하는 이유는 뭘까?'

 어김없이 찾아온 그 순간, 다이어리를 펼쳐 나에게 질문을 건넨다. 매번 같은 질문이지만, 내 대답은 다이어리를 펼칠 때마다 하나씩 늘어났다.

 서툴러도 마음이 따뜻한 사람이라서.
 자신의 부족함을 인정하고 뉘우칠 줄 아는 사람이라서.

겉으론 강해 보여도 속은 여린 사람이라서.

어르신들에게 친절히 대하며 상냥하게 웃어 주는 사람이라서.

자신의 역할에 책임감을 가지고 성실히 임하는 사람이라서.

옆에서 보면 미련해 보일 만큼 착하고 바르게 살아가는 사람이라서.

심각하고 힘든 일도 함께 웃음으로 승화시킬 수 있는 사람이라서.

나의 서툰 부분까지도 사랑한다는 이유만으로 품어 주는 사람이라서.

'나는 과연 그들에게 어떤 사람일까?' 반성하는 마음과 함께.

결국 내가 오래도록 함께하고 싶다고 느낀 사람은 삶의 무게를 가벼이 만들어 주는 사람, 그리고 완벽하지 않은 사랑스러운 사람들이었다. 세상에 모든 면에서 완벽하고 결점 하나 없는 사람이 어디 있을까. 사람을 잘 믿지 못해 주춤거리는 나를 사랑으로 덮어 주고, 예민해지는 지점까지도 이해해 주는 소중한 사람들. 쑥스러워 직접 말하진 못했지만, 속으로는 되뇌고 또 되뇐다. 그들과 함께여서 행복하다고. 말로 다 이룰 수 없을 만큼 사랑한다고.

3부

오늘만 더 살아가 보자

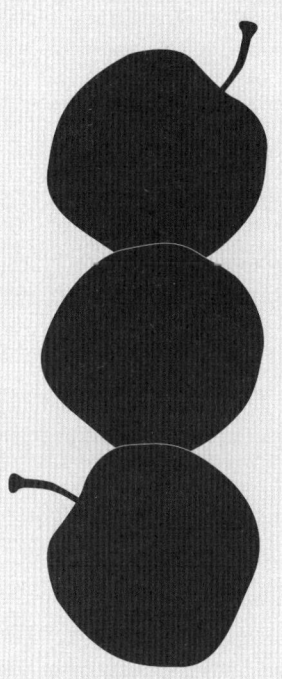

진짜 행복은 요란하지 않다

   진짜 행복하게 사는 사람은 요란스럽지 않다. 굳이 드러내지 않아도 작은 것에 쉽게 감동하고, 말과 행동에는 여유가 묻어난다. 불편한 상황을 겪어도 그 안에서 긍정할 부분을 찾고, 인연을 귀하게 여기며, 자신을 아끼고 사랑할 줄 안다.

   이처럼 모두가 당연하게 여기는 삶의 구석구석을 사랑하는 사람은 늘 행복과 가까이에 있다. 나와 더불어 사랑하는 사람들이 함께 숨 쉬며 존재하고 있다는 사실만으로도 감사함을 느낄 줄 아는 이의 일상은, 감격과 행복으로 가득할 수밖에 없지 않을까.

고독 속에서 찾은 자유

'어떻게 나이 들 것인가?'
'어떤 어른이 될 것인가?'
'어떠한 인간이 되고 싶은가?'

화려히 피어났던 시절을 스치고, 속수무책으로 흔들렸던 시간을 지나 일상의 고요함이 잦아든 지금. 타인을 의식했던 물음들이 이제는 온통 나에게로 향하고 있다.

삶에서 일어나는 모든 일들의 답은 나에게 있으며, 그 답을 찾기 위해서는 경험하고 느끼고 끈질기게 사유해야 한다는 것. 남들에게 어떤 사람으로 비칠지 걱정하느라 전전긍긍했던 날들이 내 눈앞에 수놓아 준 교훈이었다.

남들의 잣대와 참견은 발설한 이의 주관적인 몫일 뿐, 인간의 삶을 단정 짓는 답이 될 수 없다는 걸 알고 난 후부터는 필요 없는 만남을 줄이고 내면과 대화하는 시간에 정성을 쏟고 있다. 애써 고독을 피해 왔던 날들을 등지고, 고독 안에서 자유를 누비는 특권을 쥐게 되었다.

봄 여름 가을 겨울

 돌이켜 보면, 삶은 언제나 쉽지 않았다. 행복에 안도할 때쯤엔 예기치 못한 고난이 찾아왔고, 숨이 멎을 듯한 슬픔 속에서 버티고 또 버티다 보면 웃을 수 있는 날이 찾아왔다. 햇살이 드리운 봄을 지나, 예민하게 타오르던 여름에게 가을이 쉼을 건네고, 모든 걸 조용히 감싸안는 겨울이 오는 것처럼. 365일이 모두 나의 계절이었다. 어느 것 하나 버릴 게 없는 나의 봄, 여름, 가을, 겨울. 슬프도록 사랑스러운 나의 날들.

 그 끝자락에 서 있다고 생각하니, 하고 싶은 말들이 혀끝에서 찰랑인다. 올해도 숨차게 달려온 나에게는 기특하다는 말을, 곁을 지켜 준 이들에게는 사랑한다는 말을, 무사히 일 년을 마치게 해 준 계절에게는 고맙다는 말을.

 사계절의 끝을 핑계 삼아, 쑥스러움을 뒤로하고 고백을 앞세워 고해해 본다.

찰나의

　　삶

　

인생은 짧다.
서로에게 상처를 남기고
날 선 말만 주고받기에는.

시간이 없다.
좋아하지도 않는 이들의
눈치를 보며 머뭇거리기에는.

인생은 찰나이고,
시간은 우리를 기다려 주지 않는다.

손 틈 사이로 빠져나가는 모래알처럼
흩어지는 시간 속에서
틈틈이 행복하고
부단히 사랑하기에도 빠듯하다.

바라지 않은 이별

　결코 바라지 않았던 이별도 있었다. 늘 내게 따뜻하셨던 담임 선생님과의 이별이 그러했고, 첫 손녀라고 애지중지 예뻐해 주셨던 할머니, 할아버지와의 이별이 그러했다.

　시간에 등 떠밀려 어쩔 수 없이, 아무런 준비 없이 받아들여야만 했던 이별들. 마음이 식거나 사람이 싫어져서 겪는 그런 보통의 이별이 아닌, 단지 시간이 흘렀다는 이유만으로 감내해야 했던 이별은 고통의 정도가 달랐다.

　생에 깊게 배어 있던 사람이 하루아침에 없던 사람이 되었다는 날 선 현실을 살갗으로 견뎌 내야 하는 고통. 형태조차 없는 고통 앞에 누군가를 원망할 수도 없어 혼자 숨죽이며 감내해야만 하는 고통. 내가 할 수 있는 일이라곤 그저 하염없이 흐르는 눈물을 닦아 내는 것뿐이라는 무력감에 짓눌리는 고통.

시간이 지날수록 자주 겪게 될 고통이라 생각하면, 언젠가 감당해야 할 그 무게와 정도가 어떠하든 사랑하는 사람들과 함께하는 시간을 더 많이 보내고, 더 자주 사랑을 말해야겠다는 마음이 앞설 뿐이다.

시간은 봐주지 않는다

　시간은 계속 흘렀다. 삶이 버거울 때도, 사랑에 애달파할 때도, 엄마의 인생이 질 때도, 울부짖으며 현실을 처절하게 부정해 봐도 시간은 봐주는 법이 없었다. 가차 없이 흐르고 또 흘렀다. 그럼에도 기어코 살아가야만 하는 인간의 운명을, 한 인간의 서사 따윈 안중에도 없는 세상을 가혹하다고만 여겼다. 분개하고 분노했다.

　그러나 가혹함에 젖은 사고는 냉혹한 현실을 눈앞에 놓아줄 뿐이었다. 스물여덟 번째 겨울을 맞이했을 무렵, 오랜 방황 끝에 마음을 고쳐먹었다. 나를 다독이고, 채워 주고, 부둥켜안으며, 끝이 있기에 인생은 찬란할 수 있는 것이라고 지금껏 스스로를 어르고 달래 왔다.

　하염없이 흐르는 시간에 애달픈 마음은 매한가지지만 이제야 살아 있는 것만 같다. 바람에 일렁이는 들꽃과 아픔을 어루만지듯 지저귀는 빗소리, 사랑하는 사람의 흩날리는 숨결들이 보인다. 이제야 비로소 내 삶을 사랑하게 됐다. 죽음이 두렵지 않을 만큼.

오늘만 더 살아가 보자

도저히 익숙해지지 않는 슬픔

인간은 적응하는 동물이라 했던가. 어떤 환경에 놓여도 결국 적응하며 살아간다고. 그런 말을 들을 때마다 반은 이해하고, 반은 외면한다. 사랑하는 이를 영영 잃어버린 슬픔에는 결코 적용되지 않는 말이라 단언하기 때문이다.

어제만 해도 그랬다. 슬퍼할 만큼 다 슬퍼했다고, 울 만큼 다 울었다고 생각했는데 또다시 엄마가 떠올라 왈칵 울어 버렸다. 엄마의 마지막 나이와 내 나이가 같아질 만큼 많은 시간이 흘렀지만, 예상치 못한 순간에 여전히 과거로 돌아간다. 뭐가 그리 급했던 걸까. 얼마나 힘들었던 걸까. 지금의 날 보면 뭐라고 말해 줄까. 대답 없는 물음이라는 걸 뻔히 알면서도, 20년 가까이 혼자서 질문만 되뇌고 있다.

후회 없이
　　사랑해야지

이제는 희미해져
겨우 떠오르는 오랜 과거일수록
그립고 그립다.
영원히 닿을 수 없을 만큼 멀어진 간극은
간절함과 애타는 마음을 고양한다.

더 이상 만질 수 없는 그때의 나, 그 시절의 사람들,
그때의 온기와 공기들을 기억하며
훗날 그리워질 지금 이 순간을 온전히 만끽해야지.

사랑해야지. 후회 없이.

모든 순간이 작별이다

 언젠가는 다 사라진다. 봄을 가르며 내리는 여린 빗줄기와 꽃잎에 부서지는 빗소리, 화려하고 단출한 옷으로 갈아입는 계절의 풍경들, 사랑하는 사람의 얼굴과 손의 감촉, 세차게 미워하다가 연민하게 되는 나까지, 세상 모든 것들과 작별할 날이 온다.

 그런데 나는 조금만 힘들어져도 입버릇처럼 호소한다. 빨리 시간이 흘러 버렸으면 좋겠다고. 얼른 주말이 오고, 여행을 떠나 이 시긋시긋한 일상에서 벗어나고 싶다고. 시리져 버릴 시간과 점점 가까워지고 있다는 현실을 간과한 채 빳빳이 고개를 세우고 세월을 향해 으름장을 놓는다.

 삶은 얼마나 가소로웠을까. 눈앞에 놓인 보배를 두고도 죽음을 재촉해 대는 태도들이. 먼 훗날, 하찮게 대했던 일상 앞에 고개를 떨군 채 살아 있는 모든 순간이 기적이었음을 깨닫고 슬피 우는 뒷모습이.

연연함을 버리고 해야 할 일

 떠나간 사람에게 연연하지 말고 지금 내 곁에 있는 사람들에게 마음을 다하자. 그 사람이 정말 미웠다고, 싫었다고 말하기 전에 지금 내 사람에게 고맙다고, 사랑한다고 말하자.

 이미 지나간 날들, 끝난 인연에 발목 잡혀 있는 시간이 길어질수록 우리는 더 불행해질 뿐이다. 과거에만 머문 시선은 시야를 흐릿하게 만들어 현실 감각을 둔하게 만들고, 결국 내 곁에서 사랑을 주는 사람들과의 시간을 앗아 간다.

 사랑과 배려를 인지하지 못하고 이기적이거나 집착적으로 행동하는 일이 결코 쉽지 않다는 건 잘 안다. 자꾸만 뒤돌아보게 되는 복잡한 감정의 얽힘 또한 이해한다.

 그래도 나는 당신이 지금에 머물러 생생한 행복을 느꼈으면 좋겠다. 소중한 걸 잃고 더는 아파하지 않았으면 좋겠다. 현재를 살아가자. 고맙다고, 사랑한다고 말해 주자. 내 사람들에게, 그리고 과거와 지금의 나에게.

재미있게
사는 비결

곱씹을 만한 추억 많이 만들기
사소한 일에도 자주 감동하기
힘들 땐 감사한 점을 떠올리기
내가 무엇을 좋아하는지 알아 가기
애정하는 사람들과 함께하기
일에만 몰두하지 않기
주변을 둘러보는 여유를 갖기

의미 없는 시간의 의미

일주일 중 하루는 꼭 아무 의미 없는 시간을 가지려 한다. 먹고 싶은 게 있으면 맛있게 먹고, 보고 싶은 게 있으면 실컷 보고, 누워 있고 싶은 만큼 누워서 푹 쉬는 날.

의미 없이 마음이 이끄는 대로 시간을 누리고 나야 또다시 정해진 루틴을 이행할 힘이 생긴다.

체력이 무너지면 삶도 무너진다

체력이 부족하면 마음의 여유가 사라진다. 좋은 기회가 와도 망설이게 되고, 결국 더 쉬운 길을 선택하게 된다. 작은 일에도 짜증이 부쩍 늘며, 스트레스를 쉽게 풀려 한다. 웃어넘길 수 있는 일에도 예민하게 반응해 트러블이 잦아지고, 타인의 마음을 헤아리지 못해 자주 인상을 쓰게 되면서 사람들도 하나둘씩 멀어지기 시작한다.

인생이 서서히 망가지는 건 체력이라는 삶의 기반이 흔들릴 때부터다. 약해진 체력은 정신력까지 함께 쇠약하게 만든다. 그런 상태로 어찌 삶의 수많은 굴곡과 거센 풍파를 견뎌 낼 수 있을까.

일이 쉽게 풀리지 않을 때
얻게 되는 것들

1. 나만의 요령이 생긴다.

  좋아하는 일을 찾기까지 9년이라는 시간이 걸렸다. 마침내 그 일을 시작해 순조롭게 풀려 가는가 싶더니, 운영 중이던 교습소의 천장이 무너지는 황당한 일을 겪기도 했다. 그 외에도 나열하기 어려울 만큼, 어릴 때부터 분야를 막론하고 일이 한 번에 수월하게 풀린 적은 거의 없었다. 남들이 걷는 같은 길도 나에겐 왜 이렇게 빙빙 돌아서 가는 일이 많은지. 가까이에서 내가 겪는 일을 목격하는 친구조차 "넌 진짜 나중에 얼마나 큰사람이 되려고 하는 거야?" 하고 놀라며 말할 정도였다. 숱하게 다양한 일을 겪고, 또 그만큼 극복해 낸 경험이 많다 보니 의도치 않게 남들보다 다양한 요령을 갖추게 되었다. 요령이 생기니 좋은 점은 연령대를 초월해 다양한 사람들과 나눌 이야기가 끊이지 않는다는 것이었다. 그리고 고민이 생기면 잔뜩 무거워진 마음을 하나씩 풀어놓으며 기운을 되찾는 사람들의 모습을 자주 볼 수 있다는 것이었다. 얼마나 특별하고 감사한 일인지 모른다. 내가 겪어 온 고난들이 훗날 누군가에게 활기를 불어넣는 힘이 될 수 있다는 사실이. 이런 쓰임이 내 삶에 큰 위안이 된다. 그 덕분에 괴롭고 고통스러웠던 순간들이 결코 쓸모없는 일이 아니었음을 확인한 것이기에.

2. 실패에 대한 면역력이 길러진다.

"선생님, 그림을 잘 그리고 싶어요.", "동그라미를 잘 못 그리겠어요. 선생님이 그려 주세요." 그림을 잘 그리고 싶다며 아우성치는 아이들에게 나는 늘 이렇게 말한다. "그럼 마음에 들지 않는 그림을 많이 그려야 해. 그래야 마음에 드는 그림을 그릴 수 있어. 처음 하는 거니까 못하는 게 당연한 거야." 이 말은 곧 나 자신에게 되뇌는 말이기도 하다. 완벽하게 해내고 싶은 마음에 시도조차 하지 못하고, 걱정만 하며 전전긍긍 하루를 보내던 나에게 해 주는 말. 걱정은 잠시 미뤄 두고 일단 시작하면서 잦은 실패를 경험하게 됐다. 그 반복은 '실패'라는 자체에 낙담하던 감정을 서서히 무뎌지게 했고, 실패를 결과가 아닌 내가 이루고자 하는 일의 한 과정으로 받아들일 수 있게 했다. 실패에 뻔뻔해질수록 목표를 이루어 나가는 끈기와 자신감이 상승한다는 것을 몸소 느끼면, 또다시 다가온 실패가 그렇게 반가울 수 없다. 성공에 한 걸음 더 가까워지고 있다는 확신이 서기 때문이다.

3. 겸손한 마음으로 살 수 있다.

 일이 쉽게 풀릴 때 착각하는 것들이 있다. 지금의 기쁨과 행복, 환희가 모두 그동안 내가 잘해 왔기 때문에 얻어진 것이라고 믿는 것이다. 물론 완전히 틀린 말은 아니다. 어떤 일이든 노력이 있으면 더 좋은 결과를 맞이할 수 있으니까. 그러나 그것만이 전부라고 생각하는 건 거만함을 부추기고 오만함에 이르게 한다. 좋은 일을 이루는 데에는 온전히 내 힘만으로는 부족하다. 가까이에서 받은 크고 작은 배려들이 있었기에 이루고자 했던 일에 다가갈 힘을 얻을 수 있었고, 말로 다 설명하기 어려운 인생의 타이밍이 적절한 시기에 맞아떨어져 좋은 순간을 누릴 수 있었던 것이라 생각한다. 이렇게 기쁜 일에 들뜨지 않도록 마음을 붙잡아 준 건 과거에 마주했던 고난의 시간들이었다. 그때 세상으로부터 겪어야 했던 좌절과 상처를 기억하기에 함께한 한 사람 한 사람과의 인연이 얼마나 귀한지 안다. 내게 찾아온 기회들이 얼마나 소중한지 누구보다 잘 알고 있으며, 오늘도 겸손함을 잃지 않으려 한다.

뭘 해도 크게
성공할 사람

한 가지를 꾸준히 해내는 사람
실패를 과정으로 받아들이는 사람
결핍을 강점으로 승화시키는 사람
약점을 정면으로 마주할 줄 아는 사람
현재 상황에 위축되지 않는 사람
인성과 겸손을 갖춘 사람
하루를 허투루 보내지 않는 사람
자신을 믿고 힘 있게 나아가는 사람

무엇을 하든 성공하는 사람들은 과거에 연연하지 않고 현재에 머무른다. 자신의 일상을 살아가며 시간을 허투루 쓰지 않는 그 투박한 성실함이 결국 어떤 곳에서 어떤 일을 하든 빛을 발하는 순간을 만들어 낸다.

담대하고 눈부시게

  내가 되고 싶은 사람의 모습은 각기 다른 듯해 보여도 하나의 공통점으로 모아지는 지점이 있다. 겸손함을 잃지 않는다는 것.

  인생 앞에서 겸손한 사람은 죽음이라는 인간의 운명을 일찍 받아들이고 현재에 충실한다. 지금 내가 하는 일, 고민하는 일, 사랑하는 일. 어떤 일이든 마음을 다해 그 순간을 느끼려고 한다.

  매일이 이별인 삶을 기억하며 사는 그들처럼, 나도 담대하고 눈부신 사람이고 싶다.

낭만을 잃은 하루

별다른 일 없이 무난하게 흘러가는 하루인데도 왠지 모르게 기분이 가라앉는다. 무언가 비어 있는 것만 같다. 조용한 날들의 소중함을 잘 알고 있고, 그런 나날들에 만족하고 있는데도 왜 그런 건지 물음표를 따라가 보았다.

정형화된 하루. 핸드폰만 응시한 채 움직이는 출근길. 멈춰 있는 표정. 감정이라곤 없는, 바짝 메마른 일상.

현실에 매이지 않고 감상적이고 이상적으로 사물을 대하는 태도나 심리 또는 그런 분위기를 일컫는, 낭만. 낭만의 부재가 이유였다. 어떻게 하면 더 빨리 일을 처리할 수 있을까. 어떻게 살아야 더 효율적인 인생을 살 수 있을까. 모든 일에 실리를 따지는 것이 익숙해진 나는 나 자신을 재촉하며 낭만이라곤 찾아볼 수 없는 급급한 하루를 보내고 있었다.

매일 타는 버스에서 승객들이 오르내릴 때마다 밝게 인사를 건네주시는 기사님을 보며 힘드시진 않을까 생각한 적이 있었다. 하지만 어느 순간 알게 되었다. 기사님은 무채색의 일상에 색색의 낭만을 불어넣고 타인의 삶에까지 물들여 주고 계셨다는 것을.

하늘을 올려다보며 구름과 닮은 모양을 골똘히 상상해 보기도 하고, 빠르게 스쳐 가는 창밖 풍경을 감상하며 계절의 체취를 얼굴로 느껴 보기도 하고, 사랑하는 사람에게 정성을 들인 작은 선물을 불쑥 건네 보기도 하는 것.

어렸을 땐 일상이었던, 대가는 없지만 삶을 사랑하게 만드는 낭만 가득한 하루들을 다시 챙겨야겠다고 다짐하는 순간이었다.

이상과 현실

내가 하고 싶은 일, 잘하는 일, 고정 수익이 되는 일. 이 모든 것을 놓치고 싶지 않았다. 적성에 맞지 않는 일을 붙잡고 살아가는 것은 마치 시간을 쓰레기처럼 취급하는 것만 같았다. 도저히 용납할 수 없었다. 시간을 하찮게 대하는 태도는 힘겹게 버텨 온 세월을 부정하는 것과 다름없었기 때문에 어떻게 충족할 수 있을지, 또 어떤 준비가 필요할지를 두고 몇 해를 물고 늘어졌다.

"넌 현실과 꿈 사이에서 원하는 걸 잘 조율해 찾는 것 같아."

그 치열한 여정 속에서 아르바이트를 하다 인연이 닿은 언니가 해 준 말이다. 고민이 많던 시기에 초조하고 위축될 때마다 언니의 말을 영양제처럼 꺼내 먹었다. 그 한마디가 얼마나 큰 힘이 되고 위안이 되었는지 모른다. 그때도 지금도 온통 응원해 주는 사람들뿐인데, 누군가가 참 유난스럽다거나 그냥 안정적으로 평범하게 살면 안 되는 거냐고 말을 얹는다면, 나는 단 1초의 망설임도 없이 대답할 준비가 되어 있다.

현실과 이상의 균형을 잡는 일은 초조와 불안을 안고 가야 하는 평탄하지 않은 길이지만, 현실이라는 테두리 안에서 이상을 하나씩 고민하고 설계하며 얻은 것은 셀 수 없이 많다고. 답을 찾아가는 과정에서 얻은 자신감과 시행착오 끝에 다져진 문제 해결력, 시간을 허투루 쓰지 않으려는 태도, 일상의 모든 순간을 간절히 대하는 마음가짐을 얻었다고 당장에라도 말해줄 수 있다.

꼭 잘됐으면 좋겠다

간절한 목표가 있는 사람
착하고 마음이 고운 사람
서툴더라도 성실한 사람
부지런히 움직이는 사람
아낌없이 정을 베푸는 사람
온 힘을 다해 노력하는 사람
끝까지 포기하지 않는 사람

나는 당신이 마침내 원하는 것을 다 이루고, 행복에 겨워하기를 소망한다.
당신은 하루라는 주어진 시간에 정성을 다하며, 바쁜 와중에도 주변 사람을 살뜰히 챙기고 사랑을 쏟지 않는가. 당신을 사랑하는 사람들이 열렬히 응원하고 있고, 보이지 않는 곳에서도 착하게 살아온 것을 세상은 분명 기억하고 있다.
그러니 머지않아 당신에게 좋은 기운이 찾아올 것이라 감히 확신한다.

나의 뮤즈들

"글을 쓸 때 어디에서 영감을 받아?" 글을 쓰기 시작하면서 가장 자주 들어 보았던 질문이다. 매번 어찌저찌 대답을 이어 가긴 했으나 나조차도 명확하게 알지 못해 모호한 답변만 했다. 내게 영감을 주는 건 무엇일까.

인생을 살다 보면 영감을 주는 사람, 상황은 모두에게 있다. 직장에서든, 식당에서든, 친구 사이에서든 말을 예쁘게 하는 사람을 보면서 잘 기억해 두었다가 그 사람의 언어를 내 입맛에 맞춰 바꿔 따뜻하게 말을 건네어 보기도 하고, 많은 사람들에게 피해를 주는 어떤 사람의 행태를 보면서 저렇게 되진 말아야지, 하고 다짐해 보기도 하는. 나도 모르게 피부로 겪는 모든 말과 상황, 그리고 사람들이 내 삶에 영감이 되어 주는 순간들이 있다.

그런 영감의 순간들이 어느새 삶의 가치관으로 자리 잡아 어제와 다른 나로 살아가게끔 하는 걸 보면, 삶을 이루는 모든 것들이 내게 뮤즈임을 느낀다. 좋은 것이든 나쁜 것이든, 버릴 것이 없는 영감의 재료로 가득한 곳에서 나만의 삶을 창조해 내는 기쁨이라니. 이토록 살아갈 만한 가치가 차고 넘쳐흐르는 곳이었음을, 인간이기에 누릴 수 있는 삶이었음을, 삶이 미워질 때마다 상기해야겠다.

배움의 시선으로

다정한 사람에게 배운다. 사랑하는 사람을 눈여겨보다가 그 사람이 싫어하는 건 하지 않으려 노력하고, 좋아하는 걸 건네기 위해 매 순간 마음을 쓰는 섬세한 태도를.

무례한 사람에게 배운다. 어른이 되어서도 자신을 돌아보지 않으면 타인에게 상처를 주고 있다는 사실조차 자각하지 못한 채 몸만 커 버린 아이로 살아가게 된다는 것을.

말을 예쁘게 하는 사람에게 배운다. 상대방이 편히 들을 수 있는 보드라운 말을 전하기 위해 그 사람의 성향과 취향, 처한 상황까지 모든 감각을 열어 알아차리려는 그 선한 마음을.

말을 거칠게 하는 사람에게 배운다. 공중에 흩어지는 말 한마디라도 누군가에겐 가슴 깊숙이 박혀 평생을 괴롭게 하는 폭력이 될 수 있다는 사실을.

고개만 돌려도 인생에는 배울 수 있는 것들이 넘쳐난다. 배움을 얻는 과정이 어떠했든, 어떤 사람이든 지나고 보면 모두 쓸모 있는 계기가 되어 주었으니까. 그래서인지 나도 이제는 조금 담대해진 모양이다. 모든 일이 내게 배움이라 생각하니, 같은 어려움이 찾아와도 예전처럼 분을 못 이겨 사람을 증오하거나 세상을 원망하고 탓하는 일이 줄어든 걸 보면.

더 열심히
　　살고 싶게 만드는 사람

힘들 때마다 곁에 있어 주는 사람
지쳐 보이면 꼭 웃게 해 주는 사람
네가 최고라며 용기를 주는 사람
언제나 나를 자랑스럽게 여겨 주는 사람
늘 자신보다 남을 먼저 챙기는 사람
어떤 일이든 끝까지 해내는 사람
자기 삶에 최선을 다하는 사람
그냥 내가 많이 좋아하는 사람

더 열심히 살고 싶고, 돈을 더 많이 벌고 싶고, 더 행복하게 살고 싶다는 열정을 지펴 주는 사람들이 없었다면, 나는 사계절 어딘가에 멈춰 서서 자연의 일부가 되어 지금과는 다르게 숨 쉬고 있지 않았을까 하는 시린 생각에 잠긴 적이 있다. 그만큼 내가 많이 좋아하는 사람들은 친구와 가족, 연인이란 관계를 넘어 내 삶의 일부이자 살아가는 의미이다.

표현하지 않으면 모른다

　소중한 사람에게는 표현을 아끼지 않아야 한다는 걸 알면서도 그게 참 어렵다. '말하지 않아도 알아주겠지.' 하는 마음은 결국 나에게 익숙하고 편한 방식일 뿐, 상대를 위한 배려는 아니다. 그러다 입 밖으로 나오는 말들은 대개 다듬어지지 않은 채 잔뜩 성이 나고 못난 말들뿐이다.

　가족, 친구, 연인이 있기에 일상을 안정된 정서로 임할 수 있다는 사실을 망각하고, 내가 가진 능력을 최대치로 발휘하며 살아갈 수 있는 이유 역시 그들의 존재 덕분임을 등한시한다. 이젠 쑥스럽다며, 말하지 않아도 알지 않느냐며 애정 표현에도 점점 소홀해진다. 표현의 부재는 대화의 상실을 낳고 관계에 균열을 일으킨다는 걸 모르는 것도 아니면서 말이다.

　부끄럽다는 건 이유가 되지 못한다. 꼭 사랑한다는 말이 아니어도 되니 자주 눈을 마주치고, 고맙다고 말하며, 그때그때 사랑을 표현하는 연습을 해야겠다. 사랑이라 말하지 못한 모든 시간에 미련과 아쉬움, 자책 따위의 막심한 후회를 남기지 않으려면.

서로에게 중요한 사람이 되는 길

 말을 예쁘게 하는 사람은 말을 거칠게 하는 사람을 멀리하고, 예의를 잘 갖추는 사람은 예의 없는 사람과 거리를 둔다. 평소 그 사람의 태도를 보면 그가 인간관계에서 중요하게 생각하는 가치관이 무엇인지 알 수 있다.

 그래서 나는 오랜 인연을 맺고 싶은 사람이 생기면 그가 나에게 베풀어 준 것들에 관심을 기울인다. 선뜻 건넨 미소와 친절함, 따뜻한 말을 꼭 기억해 두었다가 나도 그 마음을 고스란히 비춰 준다.

 그러다 보면 우리는 자연스레 서로에게 중요한 사람이 되어 있는 순간을 맞이하게 된다.

사랑을 갈구하는 시대

최근 영화 〈트루먼 쇼〉를 다시 감상했다. 처음 보았을 땐 한 인간의 삶을 세트장에 몰아넣고 대중에게 방영하는 설정이 기괴하게만 느껴졌다면, 다시 본 이 영화는 지금 시대를 적나라하게 풍자한, 예술적이면서도 철학적인 영화로 다가왔다.

이제는 일상을 영상과 사진으로 공유하는 일이 너무나도 당연해졌고 이를 통해 큰 수익까지 창출할 수 있는 시대가 되었다. TV에 나오는 직업이 아니더라도 누구나 자신을 알리고 경제적 성장을 이룰 수 있는 동등한 기회가 열려 있다는 점에서 기회의 시대라고도 불린다. 틀린 말은 아니지만 무언가를 얻는 데는 늘 잃는 것도 따르기 마련이다. 사람들의 관심이 사라지면 생계가 흔들리고 자아마저 손상되는 일에 부작용이 없을 리가 없다.

트루먼 쇼를 자처하는 이 시대는 사랑을 받아야 특별해질 수 있다며 어서 사랑을 갈구하라고 재촉하고, 결국 타인의 사랑에 집착하게 만드는 피폐한 길로 우리를 부추기고 있는지도 모르겠다. 사랑에 목마른 이 시대 속에서 나를 지킬 수 있는 방법은 무엇일지 생각해 본다.

   어쩌면 타인의 사랑과 인정에서 조금씩 자유로워지는 것만이 그 해답이 아닐까. 소셜 미디어나 자극적인 가십거리에 시간을 쏟기보다는 그 시간을 나를 알아 가고, 이해하며, 탐구하는 데 쓰다 보면 누군가의 인정이나 사랑 없이도 스스로 사랑을 창조해 낼 수 있는 능력이 생길 테니. 그러면 사랑이 필요한 누군가에게 사랑을 나눠 줄 수 있는, 따뜻하고도 강건한 사람이 될 테니. 사랑은 어떤 방식으로든 퍼져 나가 결국 세상에 보탬이 될 테니.

굳이 먼저
말하지 않는 것들

외모에 관한 것
가족 관계와 관련된 것
몸에 있는 흉터에 대한 것
연애 여부에 관한 것
결혼과 관련된 것
자녀에 대한 것
상대방의 과거, 현재, 미래를
지레짐작하고 평가하는 것
상대방이 내게 말하기 전에
먼저 꺼내지 않는 모든 것들

상대방을 대할 때, 내게는 별것 아닌 부분이 누군가에게는 치명적인 상처 혹은 결핍일 수 있음을 늘 염두에 둔다. 개인의 아픔은 눈에 보이지 않고, 또 어떤 것일지 예측할 수도 없기에 서로가 서로를 보호해 주는 마음이어야 한다.
상대가 먼저 꺼내지 않는 모든 것에 대해서는 깊게 파고들지 않고 침묵해 주는 것. 소중히, 조용히 맴돌며 한 사람 한 사람의 모든 시간을 존중해 주는 마음이어야 함께 웃을 수 있으니.

아픔의 쓸모

 인생이 참 덧없다는 걸 일찍 깨달은 것도, 작은 순간에 자주 감사함을 느끼는 것도 그때의 기억 덕분이다. 엄마가 내 손가락 사이를 지나 바람에 실려 구름보다 높이 흩어져 가는 걸 바라만 보아야 했던 기억.

 한 사람의 삶, 그를 짓눌렀던 고통, 사랑했던 이들과의 끈질긴 인연에도 결국 끝이 있음을 알았다. 죽음이라는 아득한 이별이 인생을 더 사랑하게 하는 장치가 되었을 때, 감사하지 않을 날이 없었다.

 가장 고통스러웠던 순간이 지금을 살아가게 했구나, 생각하니 알 수 없는 복잡한 감정에 자꾸만 목이 멘다.

그저 오늘만 살아가 보자

삶이 버겁다. 그만하고 싶다. 그래, 오늘만 살지, 뭐. 그럼 이 지긋지긋한 일상도 오늘이 마지막이고, 가족들의 따가운 잔소리도, 매일 아침 마시던 커피도, 친구들과 웃고 떠들던 시간도 마지막일 것이다. 사랑하는 사람과의 포옹도 마지막.

이상하다. 오늘만 살아가리라 다짐할수록 슬퍼진다. 그동안 내가 버텨 온 고통의 순간과 행복했던 시간이 교차해 떠오르자 몹시 억울해진다. 내가 이렇게 욕심이 많은 인간이었나. 인생에 깃든 모든 것들을 놓치지 않고 싶어 하는 인간이었나. 사실 나는 잘 살고 싶었고, 그 누구보다 나의 행복을 바랐다. 그래, 그랬었지.

눈물이 서서히 차오르다 떨어지는 동시에 마음속 깊은 곳에서 무언가 뜨겁게 일렁인다. 서두르지 않아도 어차피 떠나야 하는 인간의 숙명을 왜 기억하지 못했을까. 아직은 아닌 것 같다. 딱 오늘만 살아 봐야겠다. 그렇게 단 하루씩만 두 발을 내디디고 서 있어 봐야겠다.

없어야만 하는 슬픔도 있다

 없었으면 좋겠다. 인간이 인간을 아프게 하거나, 위험에 놓이게 하거나, 벼랑 끝으로 내모는 일들이. 뉴스에서 이따금 듣게 되는 참담한 사건·사고를 마주할 때, 가까운 사람들과 내가 가슴 아픈 일을 겪을 때면 나는 세상에 대고 나직이 분개한다. 암만 세상 모든 일들에 이유가 있고 배움이 따른다 해도, 없어야만 하는 슬픔도 있는 것 아니냐고.

 그 상황에 파묻힌 사람이 겪는 고통이 얼마만큼인지는, 직접 겪지 않은 이는 알 수 없다는 사실이 모두에게 얼마나 큰 절망을 안겨 주는지. 상관하지 않는 듯 여전히 유유히 흘러가는 삶 속에서 내가 할 수 있는 최선은, 내가 느낀 아픔을 기억해 글로 써 내려가는 일뿐이다.

 당신의 얼굴도, 이름도 알지 못하지만 우리가 비슷한 감정을 느끼고 슬픔을 겪었으니, 아주 먼 인연도 인연이라고. 그러니 혼자라고 생각하지 말아 달라고. 단어와 문장, 문장과 문장 사이의 여백에 빈틈없이 담아 본다.

오늘만 더 살아가 보자

제법,
　　어른이 됐다고 느낄 때

끝난 인연에 미련을 두지 않을 때
나와 잘 맞는 사람을 알아볼 때
중요한 결정을 스스로 내릴 때
나를 불행하게 만드는 사람에게
끌려다니지 않고 냉정히 끊어 낼 때
문제를 만나면 유연하게 대처할 때
타인의 입장을 이해하려 노력할 때
인생에 대한 고민은 늘어나지만
불만은 점점 줄어드는 것을 느낄 때
평범한 일상의 소중함을 깨달을 때
과거의 실수로부터 배우려 할 때

강물처럼 말해요

 말보다 글이 편하고, 전화보다는 메시지가 익숙할 만큼 말수가 적은 편이다. 동화 『나는 강물처럼 말해요』 속 주인공 아이처럼, 눈으로 보이는 모든 것들의 소리를 흡수하는 것조차 내게는 많은 에너지가 필요한 일이었다. 지금도 크게 다르지 않다. 오히려 예전엔 고려하지 못했던 비언어적인 것들까지 신경 쓰게 되면서 말 한마디를 건넬 때도 더욱 조심스러워졌다.

 말을 예쁘게 하는 사람을 좋아하지 않을 사람은 없을 터이다. 그러나 말을 예쁘게 한다는 건 단지 문장을 잘 갖춰 말하는 것만으로 되는 간단한 일이 아니다. 타인의 마음에 걸리는 게 없는 말을 건넨다는 건 고요한 듯 보이지만 그 안에 치열함과 긴장감이 이어지는, 매우 까다로운 일에 속한다. 내가 내뱉는 단어, 단어와 단어 사이의 침묵, 말투와 표정, 시선은 물론이고 상대방의 성향과 지나온 시간까지도 헤아려야 비로소 전하고 싶은 진짜 마음이 오해를 동반하지 않고 전달될 수 있으니 말이다.

나이의 무게가 점점 더해지는 만큼 언어에도 그에 걸맞은 무게가 필요하다고 느낀다. 무턱대고 뱉은 말 한마디가 한 사람의 마음을 헤집고 삶을 흔들 수 있다고 믿기에.

"강물이 어떻게 흘러가는지 보이지? 너도 저 강물처럼 말한단다."

말없이 강물만 바라보던 동화 속 아이에게 아버지가 건넨 말처럼, 보이는 대로 상대를 판단하지 않고 섣불리 짐작해 말하지 않겠노라고. 말 속에 숨겨진 여린 마음을 볼 수 있는 어른이 되겠노라고 굳게 약속해 본다.

더 큰 도약을 위해

인생은 가지려 할수록 더 멀어진다.

사랑도 그랬고, 관계도 그랬고, 일도 그랬다. 집착하면 할수록 멀어지고, 더 많이 가지려 할수록 달아났다. 기필코 이룰 수 있다는 믿음과 확신은 마음 저편에 두고, 지금 이 순간에 충실하며 잊고 살아야 한다. 그러다 보면 내가 그토록 바라던 풍경이 자연스레 내 삶의 배경으로 자리 잡는 순간이 찾아온다.

인생은 어떻게 흘러갈지 모른다.

미래를 부정적으로 지레짐작하고 낙담하기보다는 어차피 한 치 앞도 모르는 인생, 작은 행운이라도 마음에 품으며 하루를 살아간다. 사실 우리는 태초부터 그런 능력을 지니고 있었다. 아이였을 때 목 놓아 울더라도 내일을 기대하며 잠들곤 했으니 말이다. 좌절하고 낙담하는 오늘을 마주하더라도, 지금이 내 인생의 전부임을 잊지 않으려 한다.

오늘만 더 살아가 보자

겸손한 사람이라는 것은

모든 것은 언젠가 떠나가게 될 것이라는 걸 아는 사람이다. 돈도, 명예도, 사람도, 인생도 찰나일 뿐이라는 걸 받아들인 사람이기에 모든 일이 잘 풀리고 자신을 치켜세우는 이가 많아져도 절대 자만하지 않는다. 남과 자신을 구분 지어서 우쭐거리지도 않는다.

설령 일이 잘 풀리지 않더라도 자신을 책망하지 않고 재촉하지 않는다. 지금은 비록 풀릴 기미가 없이 꽉 묶인 실타래와 같은 인생일지라도 언젠가 풀려 가게 될 시간을 기다리며 지금 할 수 있는 일에 집중한다.

삶을 겸허히 받아들이는 자세는 죽음의 문턱에 닿을 만큼 어떠한 큰 계기가 있지 않으면 살아가는 동안 쉽게 얻을 수 없는 귀한 지혜. 그런데 이를 일찍 터득한 사람은 그 과정에서 얼마나 많은 탄식과 가슴이 짓이겨지는 듯한 고통을 느꼈을지 감히 짐작조차 어렵다. 그들의 묵묵한 삶의 자세에는 더욱 존경스러운 마음을, 그 이면에 담긴 아픔에는 공감의 마음을 보내고 싶다.

크게 될
　　사람

고난과 역경이 잦은 사람

수많은 굴곡을 버텨 낸 사람

자신이 잘하는 것이 무엇인지 아는 사람

잘하면서 즐길 줄도 아는 사람

단점을 수용하고 보완하는 사람

노력을 게을리하지 않는 사람

높이 오를수록 더욱 겸손한 사람

사소한 대화가 하루를 견디게 한다

　예전에는 크게 기쁜 일이 있어야만 행복한 것이라 생각했다면, 요즘은 그렇지 않다. 어젯밤 잠은 잘 잤는지, 밥은 챙겨 먹었는지, 오늘은 어떤 하루를 보냈는지. 친구들, 가족들, 사랑하는 사람과 조용히 주고받는 나지막한 대화가 행복이라 여겨진다.

　이토록 잔잔한 일상이 주는 안정감이 치열하게 살아가는 나를 웃게 하고 나답게 해 주는데, 어찌 행복이라 부르지 않을 수 있을까.

우리는 서로의 꿈속에서 산다

'저런 삶을 살면 어떤 기분일까?', '어쩜 저렇게 예쁠까?' 화려한 삶을 사는 사람을 보면 한 번쯤 상상해 본다. 내 삶이 작고 초라해지는 기분을 감수해야 하는, 뒤끝이 떫은 상상.

화려한 삶 속에 있는 이들도 상상한다. 잔잔히 빛나는 삶을 사는 건 어떤 기분일까 하는, 뒤끝이 공허한 상상. 서로가 서로에게 꿈인 줄도 모르고, 누군가 그토록 바라는 꿈속에 자신이 살아가고 있다는 것도 모른 채.

우리는 꽤 오랜 시간 동안 꿈속을 헤매며 살아간다. 지나온 날들이 희미해지고 삶의 여정이 끝에 다다랐을 때야 깨닫게 될까. 아침에 눈을 뜨고, 나를 깨끗이 단장시키고, 끼니를 챙겨 먹고, 사랑하는 사람과 좋은 하루를 보내자고 독려했던, 지루하고 하찮다고만 여겼던 나의 모든 순간이 사실은 가장 꿈같은 일이었다는 것을.

순해 보이지만
은근히 강한 사람

부드럽고 선한 인상을 지녔다.
선을 넘으면 인상이 싸늘해진다.
강한 사람 앞에서는 더 강해지고
약한 사람 앞에서는 한없이 약해진다.
이유 있는 비판은 받아들이지만
이유 없는 비난은 용납하지 않는다.
자기 사람에게는 최선을 다하지만
상식 밖의 사람은 상종하지 않는다.
목표가 있으면 묵묵히 노력하고
목표를 달성해도 겸허함을 잃지 않는다.

부드러운 인상에 강단 있는 행보를 볼 때마다 정말 대단하다는 생각이 든다. 평소에 얼마나 스스로를 가다듬고 깨우치기를 반복해야 환한 인상 속에서도 강인함을 잃지 않을 수 있는 걸까. 앞으로도 나는 가까이에서 그들의 우아하면서도 뜨거운 삶의 심지를 닮으려 한다.

낮은 자세로 지켜 낸 것들

 "죄송합니다."라는 말이 자연스러운 사람을 보면 쉽게 지나지 못하고 마음이 고인다. 사회 초년생 때부터 지금까지 얼마나 많은 사람에게 죄송하지 않은 상황에서도 고개를 숙여 왔을까. 지나온 시간 속에서 조금씩 움츠러들었을 어깨가 선명히 그려진다.

 처음엔 자존심이 허락하지 않았을 것이다. 도대체 왜 죄송하지도 않은 상황에서 한껏 움츠린 자세를 취해야만 했는지. 타인이 아닌 자신에게 화살을 돌려 끝없이 채근하고 무너졌다가 이내 또 스스로를 몰아세웠을 것이다.

 그러다 마침내 강고한 결단이 섰을 테다. 그까짓 자존심, 내려놓자고. 세상살이에 부딪혀 서글피 우는 나를 위해서, 그리고 내가 지키고 싶은 사람들, 이루고 싶은 많은 것들을 위해서 내가 먼저 이해하고 낮은 자세를 취해야겠다는, 비굴함이 아닌 결연한 기개를 거머쥐고서.

보통처럼만 살고 싶다

　각자의 삶 속에서 바라는 '보통'의 기준은 다르겠지만, 나는 내가 건강하기를 바라고 행복하기를 바란다. 나뿐만 아니라 내가 아끼는 사람들 모두가 안전한 일상 안에서 행복하게 살아가길 바라는, 그런 보통의 날을 꿈꾼다. 그래서 어른이 된 나에게 보통은 여전히 멀고도 귀하다.

　그러나 보통의 삶은 보통의 마음과 보통의 태도, 보통의 시선으로는 이루어질 수 없다는 것을 잘 안다. 보통의 하루를 위해서는 갑작스레 몰아치는 일들을 견뎌 내는 힘이 필요하고, 상처를 주고받는 다양한 관계 속에서 나를 지켜 내는 지혜도 필요하다.

　보통이라 볼 수 없는 환경에서 시작된 인생이었기에, 그래서 더 보통을 갈망하고 집착하는지도 모르겠다.

내가 되고 싶은
　　　　　사람

마음이 여유로운 사람
편안한 인상을 지닌 사람
사람을 쉽게 미워하지 않는 사람
자신의 분야에 자신감이 있는 사람
배움의 끈을 놓지 않는 사람
부족한 부분을 인정하는 사람
일에 쫓기지 않는 사람
인생을 즐길 줄 아는 사람

곁에 있어 더 아름다운 날들

　혼자 밥을 먹고, 혼자 영화를 보고, 뭐든 혼자 보내는 시간이 자유롭고 행복했던 나였다. 그런데 맛있다고 소문난 식당을 함께 찾아다니며 맛에 대한 느낌을 공유하고, 영화를 본 뒤 어떤 장면이 재미있었는지 이야기하는 시간이 혼자일 때 느꼈던 행복보다 더 풍요롭게 다가온다.

　같은 장소에서 같은 감정을 교류하는 일이 별것 아닌 듯 보여도, 그 순간만으로 일상 속 스트레스와 긴장감이 치유되고 인생에 존재할 만한 가치를 찾은 것만 같은 생각까지도 든다. 삶의 의미를 하나씩 찾아가는 고단한 여정 속에서 그 의미를 더해 주는 사람이 곁에 있다는 사실은 삶에 대한 불평을 잠재우고 오감함으로 이끈다.

진짜 인성을 알 수 있는 태도

남의 시간을 대하는 태도
남의 돈을 대하는 태도
남의 기분을 대하는 태도

멀어진 인연을 돌이켜 보면 남의 시간과 돈, 기분의 가치를 모르는 사람이었다. 반면 시간이 흐를수록 더 돈독해지는 인연은 자신에게 소중한 것들이 남에게도 얼마나 귀한지 헤아릴 줄 아는 사람이었다. 어쩌다 약속을 지키지 못하는 날엔 어쩔 줄 몰라 했고, 작은 선물에도 감격하며 꼭 몇 배로 베풀어 주려 했다. 자신의 말과 행동이 상대에게 어떻게 닿을지를 고민하는 그 명백한 노력이 매번 나를 깊이 각성케 한다.

과연 나는 지금껏 살아오는 동안 남의 시간과 돈, 기분을 어떻게 대하며 살아왔는지를.

관계를 무너뜨리는 사소함

메시지 답장을 며칠씩 미루는 것
대화하는 내내 핸드폰만 들여다보는 것
다른 사람의 말을 끊고 가로채는 것
약속 시간에 매번 늦는 것
절대 미안하다고 말하지 않는 것
상대방의 외모를 평가하거나 지적하는 것
자기 기분에 따라 분위기를 흐리는 것

사소한 무례함이 쌓이면 관계에 금이 가고, 결국 큰 위기로 이어질 수 있다. 아무리 나를 사랑해 주는 사람이라도 경솔하고 무례한 행동을 무조건 품어 줘야 할 의무가 있는 것은 아니다. 나를 돌아보고 상대를 존중하는 배려만이 건강한 관계를 지속하는 길임을 기억해야 한다.

세월로부터 배운 것들

 어린 시절을 함께했던 오랜 친구와 멀어져 가고 있음을 느낄 때. 친했던 사람과의 연락이 자연스럽게 뜸해질 때. 가족, 친구, 반려동물처럼 사랑하는 존재를 잃었을 때. 연인과의 이별을 직감했을 때. 미래에 대한 막연함에 불안해질 때. 혼자 있을 때도, 사람들과 함께할 때도 외로움과 공허함이 밀려올 때. 세상에 있는 모든 것들과 언젠가 작별해야 한다는 사실이 실감 날 때.

 정신을 차려 보니 아득한 나이가 되어 있었다. 멀리서 바라볼 땐 나와는 무관할 줄 알았던 묵직한 나이와 경력, 그리고 하나둘 늘어난 주름들. 마음만큼은 예전과 달라진 게 없다고 느껴지는데, 세월에 등을 떠밀리다 보니 어느새 오늘에 와 있다.

 사랑하는 사람들과 멀어지는 모든 순간이 아직도 처음 겪는 일처럼 사무치게 슬프고, 언젠가 작별해야 하는 삶을 온전히 이해하고 받아들이는 것 또한 익숙해지지 않는다.

묵묵한 사람

자신을 뽐내기 바쁜 사람보다 묵묵한 사람에게 더 시선을 둔다. 묵묵한 사람은 나는 이런 걸 잘한다, 이런 걸 이루어 놓았다, 너는 왜 못 하느냐 같은 선을 넘는 무례한 말을 들어도 섣불리 끊지 않는다. 그 어떤 첨언도 없이 조용히 듣다가 상대방이 생각을 정리할 수 있도록 지긋이 질문을 건넨다.

그러면서도 자신이 이룬 일이나 행복한 순간을 굳이 말하지 않는다. 그것이 삶의 자연스러운 일부이기에 업적을 설명하거나 증명할 필요를 느끼지 않기 때문이다. 또 자신의 평안한 삶이 누군가에겐 부담이자 상처가 될 수 있음을 염두에 두며 고차원적인 배려로 대화를 이어 간다.

한마디로 기품과 교양이 몸에 밴 사람이라 할 수 있겠다. 내가 어릴 때부터 바라왔고 지금도 꿈꾸는 어른의 모습이기도 하다. 결국 진정한 성숙은 그러한 묵묵함에서 피어난다는 것을, 나는 배우고 또 배워 간다.

기품은
　태도에서 나온다

통화 가능한지 먼저 물어봐 주는 것
대화할 땐 대화에만 집중해 주는 것
다른 사람의 말을 끊지 않는 것
약속 시간을 잘 지켜 주는 것
실수를 빠르게 인정하고 사과하는 것
사생활에 대해 섣불리 묻지 않는 것
어렵게 털어놓은 이야기는 끝까지 품어 주는 것

한 사람의 기품은 사소한 태도에서 드러난다. 내가 하는 말과 행동이 타인에게 누가 되지 않도록 매 순간 조심하는 배려와 노력이 자연스레 풍기게 된다.
기품이 넘치는 그들처럼 나도 나이에 걸맞은 어른이 되고 싶다.

성공한 삶

이만하면 성공한 삶이 아닐까. 아침에 눈을 뜨면 생각나는 사람이 있고, 좋아하는 플레이리스트를 들으며 출근길에 나서고, 붕어빵 가게를 보며 겨울의 시작을 반갑게 맞이할 수 있는 것. 내 능력을 전할 수 있는 일이 있고, 일을 통해 얻은 경제력으로 보고 싶었던 책을 소장할 수 있으며, 과거가 그리워지는 날이면 추억을 함께 곱씹을 수 있는 친구들도 있다.

누군가에겐 시시한 일쯤으로 치부될지 몰라도 나에겐 값으로 매길 수 없는, 분명 성공이라 부를 수 있는 순간들이다. 물론 처음부터 성공이라 여긴 건 아니었다. 더 높이 올라가고, 더 많이 누리는 것만이 성공이라 믿었고, 눈에 보이는 화려함을 거머쥔 사람이야말로 성공한 사람이라 여겼다.

하지만 진짜 중요한 것들은 눈에 보이지 않는 것들이었다. 너무 익숙하고 당연해져서 어느새 내 시야 밖으로 밀려나 있던 것들. 지금의 일상이 원활할 수 있는 것은, 그 당연한 모든 것들이 지지해 주고 있었기 때문이라는 걸 우리는 그것들을 잃고 나서야 비로소 존재감을 알게 된다.

   정신없이 바빠질 때마다 되뇐다. 건강만큼 중요한 것은 없고, 사람만큼 귀한 것도 없다고. 더 과한 욕심으로 모든 것을 잃지 말자고. 이만하면 성공한 삶, 넘치도록 충만한 삶이라고.

4부

우리가 함께 있다는 것만으로

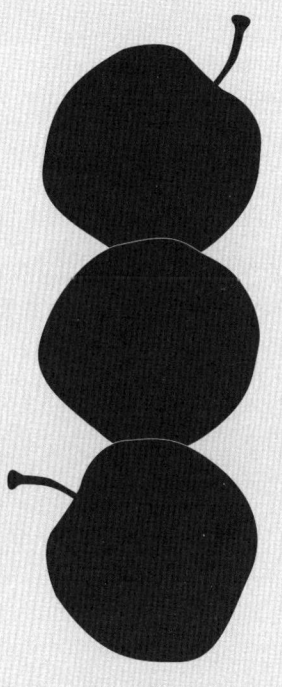

진심이었던 사람이 상처받는다

 언제나 그랬다. 자기 일에 열정적이고 헌신적이던 사람들은 하나둘 직장을 떠났고, 사람을 그토록 좋아하던 친구는 점점 타인을 믿지 못하게 되더니 인간관계에 냉소적인 사람이 되어 있었다.

 반대로, 처음엔 좀처럼 곁을 주지 않던 사람은 알고 보면 한 번 마음을 줄 때 전부를 쏟아 내는 사람이었다. 자신에게 득이 되는 것이 없음에도 대가를 바라지 않고 언제나 진심이었을 사람. 조금이라도 진심이 희석되면 발조차 내딛지 않겠다고, 남들보다 조금 더 높은 온도의 사랑과 책임감으로 무장된 순수한 사람.

 그래서인지 겉으로 방어적이거나 조용한 사람, 차가워 보이거나 과하게 밝은 사람에게 마음이 더 쓰이는 편이다. 성격이 한쪽으로만 극심하게 치우친 데에는 감히 짐작하기 어려운 나름의 이유가 있을 테니까. 그리고 그 뿌리엔 진심에서 비롯된 깊은 상처가 자리하고 있겠지.

관계의 끝이 보이는 순간

 매번 같은 이유로 감정싸움이 반복될 때. 문제가 생기면 회피하려 들고, 정작 노력은 하지 않은 채 바라기만 할 때. 실망스러운 모습들이 하나둘 쌓여 가고, 더는 상대의 단점을 품어 줄 수 없을 때. 부정적으로 변해 가는 내 모습을 마주할 때. 이제는 함께 있어도 더 이상 행복하지 않다는 걸 깨달았을 때.

 이처럼 관계의 수명이 다해 간다는 걸 감각으로 알아차리는 순간들이 있다. '아닐 거야. 내가 잘못 느끼는 걸 거야.' 나를 진정시켜 보고, 진실을 외면하며 꾸역꾸역 관계를 이어 가 봐도 결국 그때의 느낌이 맞았다는 결론을 만나게 된다.

 이별은 미루면 미룰수록 나뿐만 아니라 상대의 마음에도 상처가 더 깊이 인각된다는 걸 기억해야지. 어차피 그렇게 될 일은 그렇게 되니까. 인연도, 인생도.

점점 마음을
　　열지 않게 되는 이유

인간관계에 대한 피로가 커져서.
한 번 마음을 열면 다 주게 돼서.
혼자 기대하고 실망할 것 같아서.
사람에 대한 겁이 많아져서.
이별의 아픔을 겪고 싶지 않아서.
또다시 예전처럼 상처받을 것 같아서.
더는 상처받고 싶지 않아서.
이 모든 게 힘들고 귀찮아져서.

새로운 사람에게 마음을 여는 일은 점점 쉽지가 않다.
그 사람이 어떤 사람인지, 과연 안전한 사람인지, 나와 잘 맞을지, 싫어하는 것은 무엇이고 좋아하는 것은 무엇인지 하나하나 알아 가야 하기 때문이다.
일회성 인연보다는 한 번 마음을 열면 평생 함께할 사람을 곁에 두는 편이라, 관계에 대한 피로함이 보통보다 많은 편이라 생각한다.
참 아이러니하다. 사람을 좋아하기에 사람을 기피하게 되는 내 모습이.

관계의 유효 기간

 가치관의 차이가 점점 벌어지고, 편하다는 이유로 서로에게 함부로 대하는 관계는 대화의 주제가 한정되어 더 이상 깊어지지 못했다. 오래전 추억만을 곱씹는 관계 또한 마찬가지였다. 자주는 아니더라도, 가끔은 만나서 대화를 나누고 함께 웃으며 새로운 추억을 쌓아야 관계가 생기 있게 유지될 수 있다. 좋아하고 아낀다고 해서 잘못된 길로 가는 사람에게 입바른 소리만 하는 관계 역시 위험했다. 묵인된 서로의 위기는 관계에 금이 가게 만들었고, 결국엔 이별로 치닫게 했다.

 무엇 하나 쉬운 게 없다. 좋아하는 마음만으로는 인간관계가 저절로 유지되지 않기에 수시로 점검하고 노력해야만 한다. 편안함이라는 이름으로 서로에게 함부로 대하거나, 과거의 영광에만 기대어 안주하는 관계는 끝내 시들어 버리기 마련이다.

 솔직한 대화로 가치관의 간극을 좁히고, 상대방에 대한 꾸준한 관심으로 서로의 애정을 갱신하며, 잘못된 길로 향할 때는 기꺼이 쓴소리를 할 수 있는 용기. 이 모든 것이 관계의 유효 기간을 연장하는 핵심 요소가 아닐까. 서로의 행복과 성장을 위해 기꺼이 시간과 노력을 투자할 때 비로소 깊고 의미 있는 관계로 발전할 수 있음을, 가슴 한 켠에 새겨 놓았다.

당연한 건 아무것도 없다

온 마음을 다했어도 문자 한 통으로 끝나 버리는 얄팍함, 견고해 보여도 한순간에 무너지는 것이 사람 간의 관계다. '우리 사이에 그 정도는 말 안 해도 알잖아.', '굳이 설명하지 않아도 이해할 거야.' 관계의 종말이 다가오기 전, 작은 균열을 무시하며 메우던 말들이다.

그저 스쳐 지나가는 말이겠거니, 대수롭지 않게 여겼던 어리석은 마음과 비겁한 태도, 안일한 생각으로 버무려진 말들. 뒤늦게 밀려드는 회한의 숨을 깊게 몰아쉬어 본다.

일상 곳곳에 안정을 심어 주는 그들의 보이지 않는 사랑에 취하지 않아야지. 무언가 된 것처럼 거만해지지 않을 거야. 내가 받은 것을 몇 배로 베풀 수 있는 사람이 되도록 노력해야지. 과거에 대한 절규를 삼키고, 미래에 대한 간절한 염원을 담아서.

어른이 되고 깨달은 인간관계

마음이 편안한 관계가 최고라는 것
시절마다 스쳐 가는 인연이 있다는 것
대화가 잘 통하는 사람이 귀하다는 것
사람이 많은 곳에서는 말을 아끼는 편이 좋다는 것
나의 좋은 점을 크게 봐 주는 사람도 있고
이유 없이 나를 싫어하는 사람도 있다는 것
잘해 주면 만만하게 보는 사람이 있다는 것
단호하게 할 말은 해야 한다는 것
가까운 사람일수록 더 다정해야 한다는 것
함께할 시간이 그리 많지 않다는 것

아직도 어른이 되어 가는 중이지만, 이런저런 일을 겪으면서 나랑 잘 맞는 사람이 어떤 사람인지, 또 어떤 사람을 멀리해야 할지 관계에 대한 기준이 점점 명확해지고 있다.
새로운 사람을 마음에 들이기보다는 지금 곁에 있는 사람들에게 집중하며, 함께할 시간을 많이 보내야겠다는 다짐이 앞서는 요즘이다.

닮고 싶은 사람을 곁에 두기

 긍정적인 사람과 함께 있으면 불평하던 일에서도 감사함을 느끼게 되고, 말을 부드럽게 하는 사람과 이야기를 나누다 보면 어느새 내 말투도 한결 다정해진다. 함부로 남을 평가하지 않고, 자기 생각을 강요하지 않는 사람을 보고 있으면 넓은 시각으로 사람을 한 번 더 이해하게 된다. 공공장소에서 예의를 철저히 지키는 사람에게서는 타인을 향한 배려를 배우게 되고, 유쾌한 웃음으로 주변을 환기시키는 사람에게서는 유머가 냉각된 분위기를 녹여 주는 지혜임을 알게 된다. 또 자존감이 단단한 사람에게서는 탄탄한 마음이 삶의 행복에 얼마나 깊이 관여하는지를 깨닫게 된다.

 목에 핏대를 세우며 가르치려 들지 않아도, 존재만으로 한 편의 근사한 다큐멘터리가 되는 사람들. 그런 사람들이 곁에 있으면 자연스럽게 그들과 닮아 간다.

 어느 저명한 사람의 책이나 강연을 백 번 접하는 것보다,

내가 꼭 달라지고 변화하고 싶은 부분을 이미 지닌 사람을 곁에 두는 것이 더 효과적인 배움이 아닐까. 우리가 부모를 보고 세상을 배웠듯, 부모와 같은 스승을 나와 가장 가까이에 둔다는 마음으로.

좋은 관계를 만드는 규칙

 상대방이 싫어하는 것은 하지 않기. 서로에게 솔직한 사람이 되기. 감정이 격해질수록 더 예의를 갖춰 대하기. 다양한 주제로 많은 대화를 나눠 보기. 서로의 가치관을 확인할 수 있는 시간을 갖기. 상대방이 맞춰 주기만을 바라지 않기. 내 삶을 아끼듯, 상대방의 삶도 존중하기.

 좋은 관계는 한쪽의 노력만으로는 결코 이루어지지 않는다. 오고 가는 수많은 대화 속에서, 치열한 다툼 속에서, 미워하고 사랑하고 질투하며 유치해질 대로 유치해지는 나를 부끄러워하지 않아야 한다. 이해해 보고 조율해 보고 맞춰 보고 받아들이는 일을 끈질기게 이어 나가야 한다. 그럼에도 우리의 관계를 지키겠다는 일념 하나로.

오래
  보게 될 사람

대화가 잘 통하는 사람
만나면 마음이 편안해지는 사람
삶을 대하는 태도가 비슷한 사람
가까워져도 예의를 지키는 사람
손익을 따지지 않는 사람
정신력과 기운의 결이 맞는 사람
기쁜 일이 있을 때 응원해 줄 수 있는 사람
힘들 때 말없이 기대게 되는 사람

오래 보게 될 사람들에게서만 느껴지는 것들이 있다. 얼굴만 봐도 기분이 좋아지고, 곁에 있으면 마음이 편안해진다. 만나고 돌아서도 마음에 걸리는 게 하나도 없고, 앞으로의 나날을 잘 견뎌 낼 수 있을 만큼 큰 힘이 심어진 듯한 기분이 든다. 그들은 내게 짧은 단어로는 정의하기 어려운 이들이라, 당장의 화려함보다 오래도록 은은히 반짝이는 따뜻함을 선사해 주는 사람이라는 긴 이름을 붙여 주고 싶다.

말로 형용할 수 없는 사이

고된 시기를 함께 버텨 낸 사람들과는 우정을 넘어선 특별한 무언가가 있다. 고달픈 현실에 주저앉아 낙담하고 있을 땐 억지로 일으키기보다는 옆에 앉아 묵묵히 마음을 보듬어 주었고, 미래가 보이지 않아 한 걸음도 내딛지 못하고 있을 땐 넌 할 수 있다며, 꼭 잘될 거라며 나보다 더 내 미래를 확신해 주었다.

인생에서 가장 힘들었던 시기를 누구보다 가까이에서 지켜본 사람들이기에 많은 말을 하지 않아도 느껴지는 것들이 있다. 어떤 말로도 형용하기 어려운 감정이라 우리는 만날 때마다 눈빛으로 서로를 부둥켜안는다. 눈빛은 말하고 있다. "그때 우리 참 고생 많았지. 네가 있어서 버틸 수 있었어. 지금 네가 행복하게 지내는 모습을 보니, 나도 참 기뻐."

고맙고 사랑한다는 말들을 고요히, 소리 없이.

공감의 온도

 공감을 잘해 주는 사람은 타인을 외롭게 두지 않는 사람이다. 힘든 일, 기쁜 일, 슬펐던 일. 그 어떤 이야기라도 하나씩 말해 주는 사람이 눈앞에 있으면 모든 감각을 동원해 지금 그 사람이 느끼고 있을 심정과 최대한 가까워지려 한다.

 사실 고민을 털어놓는 사람은 누구보다 잘 알고 있다. 직접 겪어 보지 않으면 상대방은 내 고민이 온전히 와닿지 않는다는 것을. 그래서 나는 내게 사사로운 일들을 고백해 주는 사람에게 늘 고마운 마음이 든다. 상대방이 나를 가장 안전한 사람으로 느끼고 있고, 신뢰하고 있다는 의미이기도 하니까.

 힘들고 지친 마음을 하나씩 힘겹게 내려놓는 사람. 그저 사랑하는 이의 온기와 지지가 필요했을 당신과의 대화 속에서, 나는 언제나 당신의 이야기를 기다리는 가장 안전한 존재로 남고 싶다.

우리가 함께 있다는 것만으로

절대 잊어선
안 되는 사람

힘든 시기를 함께해 준 사람
일이 잘 풀릴 때 기뻐해 주는 사람
경제적으로 도움을 준 사람
나를 있는 그대로 품어 주는 사람
내가 힘겨워할 때마다 기를 살려 주는 사람
내 일이라면 두 팔 걷고 나서는 사람
약점보다 장점을 먼저 봐 주는 사람
함께 있으면 웃음을 주는 사람
나보다 내 가능성을 믿어 주는 사람
어떤 일로 하소연하면
모든 걸 제쳐 두고 내 편이 되어 주는 사람

절대 잊으려 해도 잊을 수 없는 얼굴들이 있다. 벼랑 끝에 홀로 선 듯한 기분이 들 때, 자신도 힘들어질 걸 뻔히 알면서도 내 손을 꽉 붙잡고 함께 버텨 준 얼굴들.
내 인생 가장 추하고 연약했던 순간, 그들이 있었기에 지금의 내가 있다.
그들이 내게 준 사랑을 잊지 않고 평생 보답하며 살아야지.
그 덕분에 얻은 시간을 헛되이 보내지 않고 더 치열하게, 더 뜨겁게 살아야지.

고맙다는 말은

 고맙다는 말을 자주 건네는 사람의 "고마워."라는 말에는, 당신의 사소한 배려도 당연하게 여기지 않겠다는 스스로의 다짐이자 언젠가는 더 크게 베풀겠다는 자신과의 약속이 담겨 있다. 무심코 지나칠 수 있는 누군가의 작은 배려를 선의로 알아봐 주고 노력으로 인정해 주는 근사한 마음이라니.

 그동안 나는 얼마나 많은 것들을 놓쳐 왔을까. 얼마나 많은 것들을 받아 왔을까. 어떠한 대가도 바라지 않고 소리 없이 도움을 주었을 고마운 순간들, 고마운 사람들에게 미안해지는 날이다. 이제는 절대로 그냥 흘려보내지 않겠다고, 고마움을 단번에 알아채는 그윽한 사람이 되겠다고 마음을 새롭게 다잡는 날이다.

좋은 사람, 나쁜 사람은 없다

"여름이 좋아? 겨울이 좋아?"
"이젠 확실해졌어. 겨울!"

불과 2년 전까지만 해도 여름이라고 확신에 차 대답했다. 여름은 활기가 있어 좋다고. 하지만 겨울로 마음이 기운 결정적인 이유는 벌레였다. 이사 온 집에서 날이 더워지면 이름 모를 벌레들이 하나둘 나타나, 잔뜩 예민한 여름을 보내야만 했던 이력 때문이었다. 추위를 많이 타 그토록 기피하던 겨울을, 벌레가 보이지 않아 마음이 편안하다는 이유로 더 확고하게 사랑하게 된 것. 어쩌면 그뿐이었겠다.

내가 싫어하는 그 사람도 처음부터 같은 모습이었을 텐데, 보이지 않던 면들이 하나씩 도드라져 보이면서 나는 자연스럽게 마음이 편안한 쪽을 선택해 그 사람에게 '싫은 사람'이라는 의미를 부여했다. 정말 그뿐이었을 것 같다. 누군가에게는 그 사람의 다른 가치들이 더 크게 다가와 그를 좋은 사람이라 정의했을 테니까.

좋은 사람과 나쁜 사람이 따로 있는 것이 아니라, 나와 맞는 사람과 맞지 않는 사람만이 있다고 생각하니, 폭염을 달래 주는 소나기에 마음이 씻겨 내려간 기분이다. 가뿐하고 경쾌하다. 이젠, 여름이 밉지만은 않다.

인간관계에서 주의해야 할 것들

1. 상대방에게 과한 기대를 하는 것

인생에서 마주하는 많은 고민은 대부분 나의 욕심에서 비롯된다. '나라면 그렇게 하지 않았을 텐데.'라는 욕심 어린 기대는 상대방을 이해할 기회를 앗아 갈 뿐, 관계에 아무런 도움이 되지 않는다. 그 사람이 나와 같기를 바라는 마음을 접어 두고 있는 그대로 바라보려는 노력에 접어들 때, 비로소 진정한 사랑이 시작된다.

2. 툭하면 손절을 일삼는 것

인간관계로 하여금 얻는 행복만큼 고민이 뒤따를 때도 많다. 그럴 때마다 상대방의 마음을 지레짐작하고 혼자 결단을 내려 관계를 끊어 버리는 태도는 관계에서 갈등이 생길 때마다 회피하는 태도를 고양한다. 내가 생각하는 관점과 상대방의 생각 사이의 간격이 어느 정도인지 대화를 나누고 해결해 보려는 최선의 시도를 해 봐야 관계가 끝나도 후회가 남지 않는다.

3. 사방에 적을 만드는 것

한 사람에게 건넨 나의 모든 말과 행동은 결국 다수가 알게 마련이다. 성격대로 말을 거르지 않고 쏘아 대며 사람을 업신여기는 이는, 스스로의 인생 사방에 손수 적을 심어 두는 것과 별반 다르지 않다. 세상은 생각보다 좁고, 인간은 긴밀하게 연결되어 있다. 어딘가 마음에 들지 않는 사람일지라도 굳이 적으로 만들 필요는 없다. 언젠가 그가 나에게 도움이 될 수도, 독이 될 수도 있음을 늘 염두에 두자.

인간관계가 편해지는
　　　　　　삶의 방식

나의 성향을 잘 파악한다.
사람에 대한 기대치를 낮춘다.
마음이 편안해지는 사람과 가까이한다.
결이 맞지 않는 사람과는 거리를 둔다.
타인을 이해하려 애쓰기보다 있는 그대로 받아들인다.
많은 것을 바라기 전에 내가 먼저 베푼다.

대화가 단절되는 태도

다툼이 생길 때마다 갈등을 피하려 하고, 상대의 입장은 들으려 하지 않은 채 오로지 자신의 입장만 고수한다. 상대의 의견은 무조건 틀렸다고 단정 짓고, 격하고 날 선 감정을 여과 없이 쏟아 내며 비아냥 섞인 말로 상대의 자존감을 서서히 깎아 내린다. 그렇게 다정함은 사라지고, 결국 형식적인 말만 겨우 오갈 뿐이다. 그저 나열했을 뿐인데도 어쩐지 숨이 턱 막혀 오는 것만 같다.

하지만 이런 감정들은 특정한 한 사람에게만 느끼는 것이 아니라, 사람들과 부대끼며 살다 보면 누구나 한 번쯤은 겪는 일이다. 그럼에도 인간은 타인과 함께하고 연결되는 것을 포기하지 않는다. 그 사람에게서 받는 행복과 안정이 나를 가장 나답게 만들고 삶을 견디게 해 주기 때문이다. 그래서 우리는 서로의 필요로, 사랑에 의해 무리를 짓고 살아간다.

'그래, 그렇지. 삶의 의미를 만들어 주는 사람이지.' 그 사실을 분명 알고 있으면서도 막상 감정이 앞설 때면 까마득히 잊어버리고 만다. 상대에게 모진 말을 던지고, 모멸감으로 가득 찬 눈빛이 오고 갈 때 뜨거워진 숨을 고르며 생각해야지. 우리가 처음 함께하고자 했던 이유를. 그리고 내가 무심코 던지는 작은 말들이 관계에 미칠 큰 반향을.

이젠 알고 있어도 말하지 않는다

 알고 있어도 말하지 않는 것들이 늘어난다. 직장에서 마주하는 어떤 사람의 행동이 잘못되었다는 걸 알면서도 굳이 나서지 않게 되고, 가치관이 달라져 멀어질 것 같은 친구가 자꾸 눈에 밟혀도 예전만큼 노력하지 않게 된다.

 알고 있어도 침묵하고, 눈에 보여도 행동하지 않는다. 두 걸음 정도는 물러나 있는다. 내 일처럼 마음을 썼을 때 돌아오는 건 걷잡을 수 없는 오해와 무진히 애를 써도 변하지 않던 인간에 대한 무력감뿐이었으니까. 혼자서 아등바등해 봤자 그렇게 될 일은 그렇게 됐다. 특히 사람 간의 관계에서는 더욱더….

 그래서 이제는 그냥 받아들이기로 했다. 순리를 거스르지 않고, 운명에 몸을 맡기고, 시절에 따라 흘러가기로 했다. 지금 내 사람, 사랑, 삶의 화평을 위해.

딱 그만큼의 인연이었다

 내일이 기대되지 않던 인생을 견뎌야 했던 시절, 곁에서 기꺼이 그 무게를 나눠 준 사람들이 있었다. 시도 때도 없이 같이 웃었고, 어느 날은 같이 울기도 했으며, 우리는 매일 서로의 안부를 물었다.

 저마다의 방식으로 그 시기의 나를 사랑해 줬던 사람들. 이제는 자연스레 멀어져 소식조차 알 수 없게 되었지만 내 기억 속엔 여전히 앳된 얼굴로 남아 있고, 그 관계에 대한 후회는 없다. 나 역시 할 수 있는 만큼 최선을 다해 사랑했기 때문에.

 그들이 떠난 자리에는 미움도 그리움도 아닌, 오직 고마움만이 남아 있다. 그들이 없었다면 버텨 내지 못했을 것이고, 지금의 내 모습도 없었을 테니까.

 다만 한 가지 아쉬운 게 있다면, 이런 마음을 평생 전할 수 없다는 것이겠지. 딱 그만큼의 사랑, 그만큼의 인연이었던 나의 고마운 이들에게.

우리가 함께 있다는 것만으로

감각으로
　　　알아차리는 순간

안 맞는 사람은 마음으로, 머릿속으로, 감각으로 서서히 알아차릴 수밖에 없다.
그 이유가 명확히 보이지 않아 답답할 때는 시간이 오래 걸리더라도 계속해서 나를 들여다본다.
그러다 보면 마음과 머리, 감각. 나의 모든 것들이 그 사람과 나는 인연이 아니라고 말하고 있다는 것을 그제야 받아들인다.

곁에 두면 위험한 사람

 시기와 질투가 많은 사람. 크고 작은 거짓말이 습관인 사람. 약자에게만 강자가 되는 사람. 주변에 돈을 빌리고 다니는 사람. 자기 잘못에도 수치심을 느끼지 않는 사람. 자신의 감정만 옳다고 여기는 사람. 화가 나면 폭력적으로 변하는 사람. 나를 병들게 만드는 사람.

 그 사람의 아픈 서사를 알고 있기에, 어떻게든 이해하고 품어 보려는 수많은 고뇌와 시도가 있었으리라는 것을 안다. 그러나 명심해야 한다. 이미 악한 마음에 지배된 사람과 엮이는 순간, 그가 지닌 독이 나에게까지 전이되는 것을 감수해야 하며, 그의 삶과 내 삶이 닮아 가게 된다는 것도 각오해야 한다.

 꼭 기억하자. 그 사람의 폭력적이고도 병적인 요소를 과도한 연민으로 아름답게 포장해서는 안 된다는 것을. 세상엔 내가 병들고 곪으면서까지 지켜 내야 할 타인은 없다는 것을.

이젠 피곤한 관계는 피하게 된다

 예전에는 주기적으로 연락하며 어떻게든 인연이 끊어지지 않도록 많은 신경을 기울였다. 하지만 나이를 한 살씩 먹어 가고 일이 바빠지면서 만남의 횟수도 자연스레 단출해지고 있다.

 에너지와 체력의 한계가 낮아지며 주어진 인생의 시간을 허투루 쓰고 싶지 않은 마음 때문일까. 이미 여러 풍파를 겪으며 삶에 대한 피로도가 높아진 나에게, 관계에서 비롯되는 불편함까지 얹고 싶지 않은 것이 더 솔직한 마음이겠다.

 맞지 않는 옷을 걸친 듯 어색하고 어딘가 마음이 어긋나는 불편한 만남보다, 마음이 편안해지는 관계에서 얻는 안정감이 나를 더 행복하게 한다는 걸 알게 되었으니.

오래가는
　　관계

웃음 포인트가 맞는 관계
대화가 잘 통하는 관계
가치관이 비슷한 관계
서로에게 배울 점이 있는 관계
꿈을 독려하는 관계
잘못된 것은 솔직히 짚어 주는 관계
함께할 때 마음이 편안한 관계

친구와의 이별이 더 어렵다

 연인과의 이별에서 겪는 아픔은 빠르게 줄어들었던 것에 비해 친구를 잃었을 때의 아픔은 몇 년이 지나도 같은 강도로, 주기적으로 고통을 준다. 연인에게는 잘 다듬어진 내 일부를 보여 주게 된다면, 친구에게는 한없이 약하고 못난 모습까지 비교적 더 샅샅이 꺼내 보이게 되기 때문이 아닐까.

 모든 걸 보여 줄 만큼 의지하고 믿었던 친구였지만, 어느 순간부터 나와 너무 다른 가치관을 지녔다는 걸 하나씩 알아 가는 일은 얼마나 슬픈 일이있는지. 일씨감치 이별이 예정된 관계였음을 알아차렸어도 받아들이지 못한 채 부정하고 또 부정하며 친구와의 이별을 결심하기까지는 몇 년이 걸리기도 했다.

 그렇게 어렵게 결심한 이별이 시간이 많이 흐른 뒤에도 정말 옳은 선택이었는지 의심하게 되고, 우연히 들은 소식에 마음이 툭 내려앉는 내가 미련하게 느껴진 적이 한두 번이 아니다.

다른 사람에게는 그 친구를 미워하는 마음을 앞세워 덤덤한 척 이야기해도, 이미 고마웠던 기억만이 남은 지난 친구를 예전처럼 맹렬히 미워할 수가 없다.

그렇다고 우리가 다시 친구가 될 수 없는 것도 잘 알고 있다. 그저 시절 인연이었다고 여기며, 생각나는 간격이 차츰 길어지기만을 바랄 수밖에.

서로의 의미

자랑스러운 친구, 눈만 마주쳐도 웃음이 나는 친구, 존경스러운 친구, 힘들 땐 기대게 되는 친구, 진심으로 잘됐으면 하는 친구. 친구마다 나에게 주는 행복은 조금씩 다르다.

한때는 친구와 내가 많은 부분에서 잘 맞기를 바랐던 적도 있다. 왜 이 친구에겐 이런 모습이 없을까, 날카로운 훈계의 말들이 턱끝까지 차오른 순간도 있었다. 그러나 한 사람이 나와 모든 면에서 잘 맞기를 바라는 건 결국 관계에 대한 환상이자, 내 욕심이라는 걸 인정히게 되었다.

친구가 곁에 있다는 건 또 다른 세상을 만나는 일과 같다. 부족한 부분은 친구를 통해 배우고 내가 나눌 수 있는 건 기꺼이 베풀며, 좋은 기억을 쌓아 가는 것만으로도 시간이 부족하게만 느껴지는 요즘이다.

오래도록 함께
　　　행복하고 싶다

눈만 봐도 통하는 친구
가만히 있어도 웃긴 친구
은은한 광기가 있는 친구
발랄하고 긍정적인 친구
고민 상담을 잘해 주는 친구
싸워도 뒤끝이 없는 친구
개인적인 일은 지켜 주는 친구
인간으로서 멋있는 친구

되도록 오랜 시간, 건강한 모습으로 함께하고 싶은 친구들이 있다. 우리만의 추억과 유머, 서사로 똘똘 뭉쳐진 끈끈한 관계를 오래오래 간직하고, 삶을 샅샅이 누리면서 함께 행복하고 싶다.

순수함을 지키는 강인함

유독 정이 가고 예쁜 사람이 있다. 딱히 마음을 얻으려 애쓰는 게 아닌데도 존재만으로 기분이 좋아지는 사람.

그런 사람을 가만히 보고 있으면 아이들과 비슷한 점이 참 많다. 눈빛이 선하다는 것. 웃는 모습이 예쁘다는 것. 작은 것에도 감동할 만큼 마음이 순수하다는 것. 사랑을 받을 때 미안해하지 않는 것. 삶에 호기심이 많고 열정적인 것. 아이들에게서 느껴지는 특유의 맑고 생생한 기운이 그들에게서도 똑같이 느껴진다.

시간이 지나도 어린 시절의 모습을 유지할 수 있다는 건 욕심이나 경솔함, 거만함에 때 묻지 않기 위해, 혹여 때가 묻었더라도 마음을 닦아 내기 위해 부단히 노력해 왔기에 가능한 일일 것이다.

그들을 보고 있으면, 사랑받을 자격이 있다는 걸 스스로 잘 알고 있는 사람이야말로 어쩌면 가장 강인한 사람일지도 모른다는 확신이 든다.

진가가 나오는 데 오래 걸리는 사람이 있다

　무작정 자신의 마음부터 밀어붙이는 대신, 은은하게 다가와 주는 사람이 진정한 관계를 만들어 간다. 그들은 여행을 떠나기 전 미리 여행지를 공부하듯, 상대가 무엇을 좋아하고 싫어하는지, 어떤 성향을 지녔는지 입체적으로 파악하려 노력한다.

　타인을 함부로 단정 짓지 않고, 좋은 모습만 보고 섣불리 관계를 시작하지 않으며, 서로에게 상처가 되지 않도록 깊이 헤아릴 줄 아는 사람. 그런 섬세함과 배려를 지닌 사람이야말로 오래도록 함께할 수 있는 귀한 존재다.

　처음엔 과묵한 모습에 차갑고 까칠한 사람인 줄만 알았는데 하나씩 드러나는 성실함과 다정함에 한 번 더 좋아졌다가, 남들이 어떻게 평가하든 자신의 속도로 사람을 대하는 진중한 모습에 완전히 매료되었다.

유머러스한 사람이 좋은 이유

함께 있으면 웃을 일이 많아진다.
대화를 나눌수록 기분이 좋아진다.
힘든 마음을 가볍게 만들어 준다.
무거운 분위기를 환기해 준다.
인생의 많은 걱정을 잠시 잊게 해 준다.
다시 살아갈 힘을 선사해 준다.

내가 만난 진짜 어른

 겉모습만 보고 사람을 속단하지 않는다. 처음 만난 사람에게는 꼭 존댓말을 쓴다. 말하는 시간보다 경청하는 시간이 길다. 한마디, 한마디에 품격과 무게감이 있다. 물어보기 전엔 섣불리 조언하지 않는다. 대화를 나눌 땐 눈빛에 진심을 싣는다. 나이를 권력과 무기로 삼지 않는다.

 내가 만난 진짜 어른은 타인에게 많은 말을 하지 않았다. 한마디를 건네더라도 단어 하나를 고르고 골라 예쁘고 단정한 것들로만 내어 주었다. 행여나 자신의 나이와 경험이 누군가의 삶까지 속단해 버리는 오만을 범할까 봐 늘 신중한 모습이었다. 그저 자신의 건강한 가치관이 녹여진 삶을 본보기로 보여 주는 그 모습이 그렇게 멋져 보일 수가 없었다.

애초에 건강한 사람을 사랑하기

　사람은 바뀔 수 있다고 생각했다. 믿어 주고, 응원하고, 사랑하면 결국 달라질 거라고. 그러나 간단하고 쉬운 일이라 여긴 어리석음의 결과는 늘 처참했다. 같은 일로 다시 상처받지 않기 위해 대책이 필요했고, 사랑이 이성을 앞섰던 예전과 달리 이제는 인간관계를 형성할 때 나름의 요령을 두게 되었다.

　애초에 건강한 사람을 사랑하기로 결심한 것. 내가 베푸는 모든 것을 당연하게 여기지 않고, 어떤 형태로든 고마움을 표현하며, 자신의 삶을 열심히 가꾸어 나가는 몸과 마음이 건강한 사람에게 애정을 쏟기로 했다. 결심과 확신이 만났을 때 뒤돌아보지 않고 전진하게 해 주는 사람과 함께라면, 행복이 유유히 흐르는 안온한 삶에 스며들 듯 물들어 갈 테니 말이다.

작은
　배려의 힘

서로에게 들릴 정도로 이야기하는 것
의자를 정리할 때는 끌지 않는 것
뒤에 사람이 있으면 문을 잡아 주는 것
결제할 때는 공손하게 주고받는 것
내가 머문 자리는 깨끗하게 정돈하는 것
일 관련 메시지는 휴일에 보내지 않는 것
사소한 일에도 감사 인사를 전하는 것

사소한 매너는 반드시 지켜야 할 의무는 아니지만, 세심한 배려를 주고받으면 서로의 기분이 좋아지는 순간이 한층 늘어난다.
특히 모두가 함께 사용하는 공공장소에서는 나와 상대방의 기분을 헤아리는 작은 배려가 있어야 그 시간을 더 행복하게, 가치 있게 사용할 수 있다.

적당한 관심을 기울이는 연습

 화려한 옷보다 적당히 심플한 옷을 좋아한다. 올곧은 사람보다는 적당히 틈이 있는 사람이 좋다. 현실에 치우친 팍팍한 삶보다 적당한 낭만이 있는 삶을 꿈꾼다. 이 적당함은 작은 취향부터 내 삶을 아우르는 곳곳에 침투되어 있지만, 유일하게 비집고 들어가지 못하는 부분이 있다. 바로 '인간관계'다.

 이 커다란 카테고리 안에서도, 특히나 내가 마음을 쏟는 사람들에게는 적당함을 적용하기가 여간 어려운 일이 아니다. 사실 불가능에 가깝다고 생각한다. 고맙고, 미인하고, 사랑하는 마음이 넘치다가도 때로는 죽도록 미워지기도 하는. 한마디로 정의하기 어려운 복잡한 감정들로 똘똘 뭉쳐진 관계에서 어떻게 적당할 수 있냐는 말이다. 마음이 향하면 관심이 생기고, 관심이 생기는 만큼 애정을 쏟게 된다. 애정을 쏟는 만큼 기대하게 되고, 기대한 만큼 실망하며, 실망한 만큼 화가 치민다.

 신기했던 것은 식물에게도 관계에서 생기는 지독한 감정을 비슷하게 느꼈던 날이었다. 창가가 허전해 들여놓은 작은 식물을 자주 보다 보니 자세히 들여다보는 시간이 많아졌고, 볼수록 예쁜 그 식물에게 애정이 생겨 버렸다. 그러다 물을 자주 주면 주는 대로 시들고, 너무 주지 않아도 시드는 식물을 보며 적당한 물의 양과 주기를 익히고 나서야, 비로소 사계절 내내 곁에 두고 볼 수 있었다.

내가 아끼고 사랑하는 사람들과 더 많은 계절을 함께하기 위해서는, 적당함이 완벽하게 적용되긴 어렵더라도 적당한 간격에서 사랑을 전하고, 적당한 선을 지켜 예의를 잃지 않는 요령을 항상 인식해야겠다고 다짐한 것도 그날이었다.

다름을 바라보는
　　　　　마음

나와 나른 사람은
별로인 사람이 아니라,
나와 다른 사고를 지닌 사람이다.

틀린 사람이 아니라,
다른 방향에서 바라보는 사람이다.

이상한 사람이 아니라,
새로운 시각을 선물해 주는 사람이다.

기억의 힘

아무리 세월이 흘러도 기억 속에서 떠나지 않는 장면들이 있다. 잠옷 바람으로 할아버지 뒤를 쫄래쫄래 따라 산책하던 때, 비가 억수로 쏟아지던 날 엄마와 나를 태워 준 시민의 따뜻한 배려를 받았을 때, 험한 말을 무기력하게 듣고만 있어야 했던 어린 시절. 마음에 각인된 장면들은 대부분 강렬했다. 너무 행복했거나, 따뜻했거나, 혹은 상처가 되었거나.

그때의 기억과 닮은 상황을 마주하거나, 비슷한 향이 우연히 코끝에 스치기만 해도 그 시절로 돌아간 듯한 기분에 휩싸인다. 기억이 가진 힘이 신비하다고 결정적으로 느낀 건, 누군가와 당장 어긋나는 일이 있어도 그 사람과 얽힌 좋은 기억들이 어떻게든 용서하려는 쪽으로 마음을 이끌어 간다는 점이었다.

그래서 나는 여전히 아빠를 놓지 못한다. 어린 시절처럼 마음속으로 미워하고 증오하다가도, 아빠가 수북이 새겨 준 좋은 기억 앞에서는 끝내 마음이 좋은 쪽으로 방향을 튼다. 그리고 그 좋은 기억들은 아빠를 대신해 속삭인다. 너무 미워하지 말아 달라고. 미안하다고. 용서해 달라고.

가족이라는 운명

"진짜 이해가 안 돼."
"대체 왜 그러는 걸까?"
　　　　　⋮
"전생에 무슨 인연이었길래…"

친구와 '가족'을 주제로 이야기하다 보면, 대화 말미엔 늘 가족이라는 인연의 끈이야말로 모든 인간관계 중에서 가장 질기다는 푸념이 흘러나온다. 가족이라는 관계엔 여느 인간관계와는 다른 무언가가 있다.

사랑과 신뢰를 바탕으로 안정적인 환경에서 자라온 사람에게는 와닿지 않을 수 있지만, 애증과 연민이 복잡하게 얽힌 불안한 환경에 익숙한 사람은 불쑥 결핍이 건드려질 때면 가족에 대한 사념에 잠기곤 한다. 주변 사람들과의 관계처럼 깨끗하게 정리해 버리고 싶은 마음이 굴뚝같다가도, 그런 부정적인 감정을 가족에게 느낀다는 사실에 심한 죄책감을 느낀다.

단지 성격이 맞지 않는다는 이유만으로 가족과의 연을 정리하는 일은 결코 쉽지 않다. 그러나 이 고뇌의 해답은 지독한 대물림을 끊어 내겠다는 단호한 의지에 있다. 어릴 때부터 싫어하고 경멸해 왔던 이들에게 물들여진 습성을 평생에 걸쳐 구석구석 씻겨 내려는 눈물겨운 노력이 있어야만, 비로소 나를 규정해 온 배경으로부터 완전하고도 깨끗한 해방을 이룰 수 있으니.

할 만큼 다한 사람은 미련이 없다

 어그러진 관계를 일으켜 보려 노력했던 사람도, 잘못된 길로 가는 친구를 뜯어말려 본 사람도, 가족이라는 이름으로 이해하고 용서하길 반복했던 사람도 돌아설 땐 미련이 없다. 자신이 할 수 있는 최선을 넘어선 갖은 노력은 다해 봤기 때문에 한 번 돌아서면 다시는 뒤돌아보지 않는다.

 '이 사람은 안 그럴 거야. 꼭 달라질 거야. 내가 이해해야지.' 실낱같은 기대와 희망으로 붙들어 왔던 관계가 철저히 내 욕심이었음을 깨닫는 순간, 그 모든 괴로움이 나 혼자만의 것이었음을 알아차리는 순간. 마음 저편에서 올라오는 서늘함에 소스라치게 놀라곤 한다. '이젠 정말 끝'이라는 고요한 마침표로부터 앞으로 어떤 일이 있어도 다시는 뒤돌아서지 않을, 일말의 감정도 없을 냉담한 나를 보았기에.

얽히고 싶지 않은 인연

고마움을 모르는 사람
매사에 부정적인 사람
약자를 막 대하는 사람
툭하면 약속을 어기는 사람
감정을 제어하지 못하는 사람
자신을 돌아보지 않는 사람
남의 불행을 위안 삼는 사람
인성이 좋지 않은 사람

되도록 엮이고 싶지 않다. 되도록이면. 어디 처음부터 그랬겠나. 사랑하는 사람들이었기에 품어 보려고도 했었다. 그것도 아주 여러 차례.
'달라지겠지. 함께한 세월이 있는데 이제 와서 어떻게 돌아서. 어떻게….' 연약한 마음이 자꾸만 돌아서려는 결심을 붙들던 통에, 같은 자리에서 맴돌다 함께하는 시간 내내 앓았다.
앓고 나니 보인다. 인연이 아닌 사람 곁에서 헤매던 시간 동안 나의 애틋한 인연들에 소홀했던 날들이.

나를 시기하고 질투하던 그 애

　내가 잘될 때는 아무런 연락이 없다가 힘든 일을 겪고 있을 때에야 연락을 해 왔다. 남을 위로하면서 자신의 자존감을 채우고, 타인을 자주 평가하거나 쉽게 미워하곤 했다. 자신보다 못하다고 여기는 사람들만 곁에 두었고, 모든 면에서 남들보다 더 우위를 선점하려 했다. 겉으로 보여지는 삶에 취해 있느라 진심 어린 관계는 좀처럼 맺지 못했다.

　정말 오랜만에 마음과 마음이 닿는 친구를 만났다고 생각했지만, 언젠가부터 미묘한 이질감이 느껴지기 시작했다. 내가 행복해하면 그 애는 불안해했고, 내가 불행하면 그 애는 편안해 보였다. 자기 삶에 타인의 삶을 끌어들여 쉴 새 없이 평가하던 모습이 처음엔 그저 의아했으나, 시간이 지날수록 그 애의 마음이 애처롭게 느껴졌다.

　질투는 인간이라면 누구나 느낄 수 있는 감정이다. 나보다 잘난 사람, 더 잘 풀리는 누군가를 보면 묘한 감정에 휩싸이기 마련이다. 그러나 그 대상이 가까운 사람이라면, 적어도 상대방이 알기 전에 감정을 정화하려는 노력으로 서로에 대한 마음의 순도를 유지해야 한다고 본다.

이질적인 감정을 감당해야 하는 상대도 당황스럽지만, 내가 아끼던 사람이 타인의 불행을 양식으로 삼아 살아가는 마음이 가난한 사람이었다는 것을 받아들이는 일은 참으로 곤혹스러운 시간이었다. 아끼던 사람이었기에 인연을 끊어 내는 일은 고통스러웠지만, 그 결정이 옳았다는 사실에는 변함이 없다. 질투에 눈이 먼 사람은 언제고 등을 돌릴 준비가 되어 있는 잠재적 악연이라 확신하기에.

소리 없는 이별

 이제는 관계를 정리할 때 조용히, 서서히 멀어진다. 예전에는 번호를 지우고 SNS를 차단해 버리며 상대방을 내 인생에서 깨끗이 지우려 했다. 그러다 내가 했던 방식 그대로 이별을 당하는 입장이 되어 보니 나의 태도가 얼마나 큰 당혹감을 불러일으켰을지, 함께했던 인연에 얼마나 예의가 없었는지를 알아차리고 크게 후회를 했다.

 그래서 이제는 나와 맞지 않은 사람임을 알게 되었을 때 조용히, 서서히 이별하기를 선택한다. 그 사람이 자연스럽게 받아들일 수 있기를 기다리며, 깨끗이 지워 내기보다는 흔적이 남더라도 인연의 마침표가 흐릿해지기를 바라는 것. 우리의 이별은 당신의 탓이 아니라 그저 인연의 끈이 여기까지였음을 알리는 위무의 시간을 두는 것. 그것만이 찬란하고도 진심이었던 지난날의 기억을 지켜 줄 수 있으리라 믿고 있다.

결국 멀어지게 될
사람

대화가 자꾸 어긋나는 사람
가까워질수록 함부로 대하는 사람
삶에 대한 가치관이 다른 사람
감정을 스스로 통제하지 못하는 사람
타인에 대한 열등감이 깊은 사람
만나고 나면 마음이 불편해지는 사람

서로에게 잘 갖춰진 모습만 보이던 시기가 지나면 본성은
드러나기 마련이고 더는 감출 수 없다.
딱히 누구의 잘못도 아니지만 상대에게 편안함보다 묘한
불편함과 설명하기 어려운 위화감을 지속적으로 느낀다면
결국 그 사람과는 멀어지게 된다.

시간이 흘러도 이별엔 익숙해지지 않는다

이따금 꿈속에는 과거에 지나쳐 버린 인연들이 등장한다. 꿈에서 깨어나면 한동안 미묘한 감정에 휩싸이다가, 지금은 어떤 삶을 살고 있을지 그 사람의 안위가 걱정되기도 한다.

그땐 그렇게 밉고, 나와는 아닌 인연이라 멀어졌음에도 여전히 불쑥 마음이 쓰이는 내 모습이 이해되지 않을 때가 많다. 시간이 지나면 괜찮아지겠지, 더 나이가 들면 괜찮아지겠지 생각하며 세월을 흘려보내도, 인간은 절대 이별에 익숙해지지 않는 여린 존재라는 것을 깨닫는다.

나와 다른 그 사람을 사랑하는 방법

 누군가와 잘 맞는다고 느끼는 것은 이미 그 사람에게 많은 배려를 받고 있다는 뜻이다. 이 은밀한 배려를 알기 전에는 조용하고 예민한 나와 달리 밝고 무던한 사람들이 있다는 사실이 그저 신기하고 마냥 좋기만 했다.

 성격뿐 아니라 대화하는 방식, 감정을 표현하는 방식, 음악 취향과 입맛까지도 대부분 나와는 반대라는 것을 서서히 알게 되었다. 내가 그들과 잘 맞는다고 느꼈던 이유는 서로의 다름을 비난하기보다는 있는 그대로 받아들어 주었기 때문이다.

 함께 여행을 가서도 다툰 적이 없을 만큼 우리는 늘 서로를 마음 한쪽에 염두에 두고 있었다. 상대가 어떤 성향인지, 무엇을 좋아하고 싫어하는지, 어떤 부분에 예민한지. 그렇게 읽어 낸 것들로 우리는 서로의 빈자리를 채워 갔다. 소리 없는 배려 속에서, 각자의 색깔이 어우러져 조화롭게 빛날 수 있도록.

관계가 더
　　깊어지는 순간

이유 없이 안부를 물어 줄 때
단어를 골라 다정하게 말할 때
내 이야기를 진지하게 들어 줄 때
타인을 평가하는 말을 하지 않을 때
대가 없이 불쑥 호의를 베풀어 줄 때
마음의 문이 열리는 속도를 존중해 줄 때
자신의 삶을 열심히 살아가는 모습을 볼 때

순수한 진심이 말과 행동에 묻어 관계가 깊어지는 순간은
그 진심이 여과 없이 드러날 때 찾아온다.
그 순간, 비로소 놓쳐서는 안 될 사람임을 깨닫게 된다.

진지한 대화가 가능한 사람이 좋다

 매일 시시한 장난으로 웃고 투덕거리는 관계가 오래 유지될 수 있는 것은, 가벼움과 무거움을 오가는 균형 잡힌 대화 덕분이다. 마냥 가벼운 대화만 이어졌다면 관계도 얕은 선에서 머물다 그쳤을 것이고, 밀도 높은 대화만 지속됐다면 무거운 분위기에 못 이겨 점점 만남을 기피했을 것이다.

 어느 한쪽으로 치우치지 않은, 한 번 대화를 시작하면 지루할 틈이 없는 사람이 곁에 있다는 것은 바람에 흩날리던 꽃잎을 우연히 잡게 되는 것만큼이나 설레는 일이다.

볼수록 참 괜찮은 모습

 자신이 한 말은 반드시 지킨다. 묵묵히 자기 사람을 챙기고, 맡은 역할에 최선을 다한다. 선의를 베풀되 생색내지 않으며, 당사자가 없는 자리에서 오가는 이야기에 말을 얹거나 함부로 옮기지 않는다. 삶의 가치관이 분명하고 시간이 지나도 한결같다.

 이처럼 볼수록 참 괜찮은 사람이라는 생각이 드는 이들은 유난스럽지 않게 조용히 사랑을 전한다. 누군가 알아주길 바라기보다 스스로 무엇을 할 때 행복한지를 잘 아는 사람들. 그들의 성실한 태도와 묵묵한 표현이 참 멋지게 느껴진다.

마음을
열게 되는 사람

말을 예쁘게 하는 사람
이야기를 경청하는 사람
언제 어디서나 늘 한결같은 사람
겸손함이 몸에 배어 있는 사람
배려를 당연하게 여기지 않는 사람
약한 사람에게 더욱 따뜻한 사람
관계의 소중함을 아는 사람

사랑하는 이들과 함께 행복하려면

 사랑하는 사람들에게 알려 주고 싶고, 참견하고 싶은 마음이 클수록 조용히 내 삶을 보여 주는 방법을 택한다. 가까운 사람에게 영향을 받을 수밖에 없는 인간의 심리를 선하게 이용하는 것이다.

 시간은 오래 걸릴지라도 나의 가치관과 열심히 살아가는 모습이 그들의 입을 통해 전해지고, 행동으로 천천히 나타나는 순간이 반드시 오게 되어 있다. 한 사람의 행복에는 많은 사람의 인생을 전환시키는 힘이 존재한다. 단, 상대방의 인생을 함부로 평가하거나 가르치려 들지 않는 겸손함을 늘 염두에 둔다면 말이다.

마지막까지 사랑해야 할 것들

 평생 까먹지 않으려는 마음이 있다. 할머니가 한 상 가득하게 차려 주셨던 음식, 불편한 몸으로 어린 나를 돌봐 주셨던 날들, 내가 힘들어할 때마다 안부를 물어봐 주던 친구들의 모습, 슬픔에 잠겨 있는 나를 붙들고 곁을 지켜 준 내 사랑까지. '까먹지 않고 몇 배로 꼭 보답해야지.', '숨이 저편에 닿는 날까지 사랑해야지.' 마음속에 수많은 다짐을 세우느라 얼마나 분주했는지 모른다.

 자기 삶을 지키는 것만으로도 벅찬 현실에서 다른 누군가를 지키려고 한다는 건 '기적'이라는 이름 말고는 설명할 길이 없다. 그들의 노력과 사랑으로 빚어낸 기적을 당연히 여기지 않아야지. 틈만 나면 전화를 걸고, 귀찮아할 정도로 자주 만나 부대껴야지. 눈을 마주치며 이야기를 나눠야지. 눈을 감고 나서도 얼굴이 또렷하게 만져질 만큼. 오늘도 그렇게, 또 여럿의 유의미한 다짐들을 세워 두었다.

오늘을
　행복하게 해 주는 사람

힘들 때 묵묵히 곁에 있어 준 사람
기쁠 때 나보다 더 기뻐해 준 사람
화날 때 같이 분노해 준 사람
자존감이 낮을 때 기를 살려 준 사람
잘못된 것은 냉정하게 짚어 준 사람
내 모난 성격을 이해해 준 사람
언제나 내 편이 되어 준 사람

내가 오늘도 잘 견디고 행복할 수 있었던 것은 힘들 때나 기쁠 때나 묵묵히 곁에 있어 준 사람들 덕분이었다. 문득 비치는 나의 모난 성격도 너그럽게 이해해 준 좋은 사람들이 있었기에 반성할 수 있었고, 더 나은 내가 되고자 노력하며 살아갈 수 있었다. 이 글을 빌려, 오늘이 가기 전에 미처 건네지 못했던 마음을 전해 본다.

마
치
며

 첫 책을 쓰던 순간부터 이 책을 집필하는 지금까지, 글쓰기의 목표는 줄곧 하나였습니다.

 '사람을 살리는 것.'

 누군가에겐 우스운 소리로 들릴지도 모릅니다. 자기가 뭔데 누굴 살리느냐 마느냐를 논하느냐고, 주제도 모르고 허황된 말을 하느냐고…. 실은 내가 나에게 보낸 야유였습니다. 첫 마음가짐이기에 열정으로 부풀려진 목표일 거라 스스로 의심해 왔으니까요. 그러나 지금도 그때 그 다짐의 온도와 농도가 변함없는 걸 보면 꽤 진심이었음을, 절절한 외침이었음을 느낍니다.

사람을 살려야겠다고, 진심을 전해야만 한다고 무턱대고 결심했던 가장 큰 이유는 엄마와 나에게 있었습니다. 끝내 자신의 삶을 구원하지 못한 채 세상을 등진 엄마의 죽음을 그저 바라볼 수밖에 없었던 비통함과 그런 엄마의 삶을 닮지 않으려 발버둥 친 노력이 이 거창하고 무모한 다짐을 낳았습니다.

말주변도 없고 화려하지도 않은 보통의 인간인 내가 많은 사람을 살릴 수 있는 유일한 수단은 책입니다.

타인을 향한 말이라고 하지만, 사실은 무너져 가는 저를 일으키고 아파하는 저를 감싸 주는 말이기도 합니다. 저는 이 책에 제 삶을 구원하길 바랐던 엄마의 소망을, 그리고 저 자신을 살리고자 했던 절박함을 담았습니다.

이 책이 당신에게도 따뜻한 위로와 용기가 되어 삶을 긍정하게 하는 작은 불꽃이 되기를 진심으로 바랍니다.

나를 살리는 다정한 말

1판 1쇄 발행 2025년 10월 22일
1판 2쇄 발행 2025년 11월 17일
1판 3쇄 발행 2025년 12월 01일
1판 4쇄 발행 2025년 12월 31일

지 은 이 수정빛

발 행 인 정영욱
편집총괄 정해나
기획편집 박주선
디 자 인 이정아
마 케 팅 정지은 원희성 함유진 김형준 박설빈
출판영업 강도원

펴 낸 곳 (주)부크럼
전　　화 070-5138-9971~3(도서기획제작팀)
홈 페 이 지 www.bookrum.co.kr
이 메 일 editor@bookrum.co.kr
인스타그램 @bookrum.official
블 로 그 blog.naver.com/s2mfairy

ⓒ 수정빛, 2025
ISBN 979-11-6214-547-0(03800)

- 파본은 구입하신 서점에서 교환해드립니다.
- 이 책은 주식회사 부크럼과 저작권자와의 계약에 따라 발행한 것이므로 본사의 서면 허락 없이는 어떠한 형태나 수단으로도 이 책의 내용을 이용하지 못합니다.
- 오탈자 및 잘못 표기된 부분은 위 이메일 주소로 보내주시면 감사하겠습니다.